电子商务类专业
创新型人才培养系列教材

电子商务文案

策划写作、视觉营销 与平台推广

AIGC版 微课版｜第2版

林锋 程波／主编

李学峰 罗依 张明／副主编

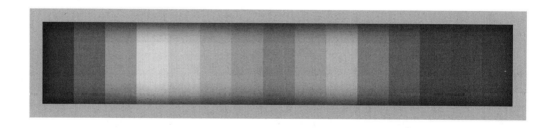

人民邮电出版社

北 京

图书在版编目（CIP）数据

电子商务文案：策划写作、视觉营销与平台推广：
AIGC版：微课版 / 林锋，程波主编. -- 2版. -- 北京：
人民邮电出版社，2025. --（电子商务类专业创新型人才
培养系列教材）. -- ISBN 978-7-115-50225-4

Ⅰ. F713.36；H152.3

中国国家版本馆 CIP 数据核字第 2025FM1161 号

内 容 提 要

本书共分为 8 个项目，包括电商文案写作的准备、电商文案写作的整体构思、电商文案的写作方法、网店商品展示文案的策划与写作、电商品牌宣传文案的策划与写作、新媒体推广文案的策划与写作、电商文案的排版与视觉设计，以及 AIGC 电商文案写作。

本书内容翔实，涵盖多种类型的电商文案，既有对理论基础的阐释，又提供了具体的优秀案例作为参考。通过对本书的学习，读者能够快速掌握电商文案的基本知识和写作方法。

本书可作为高等职业院校和应用型本科院校电子商务、企业管理、市场营销和商业贸易等专业相关课程的教材，也可供有志于或者正在从事电商文案策划与写作相关工作的人员学习和参考。

◆ 主　　编　林　锋　程　波
　　副主编　李学峰　罗　依　张　明
　　责任编辑　王　振
　　责任印制　王　郁　彭志环
◆ 人民邮电出版社出版发行　　北京市丰台区成寿寺路 11 号
　　邮编　100164　　电子邮件　315@ptpress.com.cn
　　网址　https://www.ptpress.com.cn
　　固安县铭成印刷有限公司印刷
◆ 开本：787×1092　1/16
　　印张：13.25　　　　　　　　　　2025 年 5 月第 2 版
　　字数：273 千字　　　　　　　　2025 年 5 月河北第 1 次印刷

定价：54.00 元

读者服务热线：(010)81055256　印装质量热线：(010)81055316
反盗版热线：(010)81055315

前　言

党的二十大报告指出，培养造就大批德才兼备的高素质人才，是国家和民族长远发展大计。近年来，互联网的快速发展推动着电子商务的不断进步，电子商务文案（简称"电商文案"）作为一种商业文体，其作用日益凸显。一篇优秀的电商文案，可以有效吸引用户的注意，因此电商行业对文案人才的需求也日益强烈。

在这样的背景下，为培养更多具备文案写作理论知识和实践技能的人才，我们编写了《电子商务文案：策划写作、视觉营销与平台推广》。该书自出版以来，深受广大师生的认可。随着时代的发展，电商行业对文案的需求也在发生变化。为适应各院校电商文案相关课程的需要，我们对教材进行了全面修订改版，推出了《电子商务文案：策划写作、视觉营销与平台推广（AIGC版 微课版 第2版）》。

一、改版策略

此次改版主要集中在以下3个方面的优化。

（1）更新知识点和案例。基于当前电子商务的发展和岗位需求变化，本书增加了部分新的知识点，如时下流行的知乎文案写作、小红书文案写作和AIGC电商文案写作等。同时，此次改版对上一版中陈旧的案例进行了更新，并选取了近两年各大品牌的优秀文案作为示例，以供教师教学和学生学习参考。

（2）增加"项目实训"模块。本书在每个项目的最后均增加了"项目实训"模块，可以带领学生从实际的项目情景出发，一步步完成实训，从而提高学生的实践能力。

（3）融入核心素养。为帮助学生树立正确的价值观念、提升个人职业素养，此次改版增加了"素养提升"的相关内容。

二、本书特点

本书精心设计了"基础知识+典型案例+案例点评+课后练习"的结构，将电商文案写作理论基础与经典案例相结合，并通过对优秀案例的点评分析，实现"学以致用"的教学理念，最后让学生有针对性地进行课后练习。本书具有以下特点。

◆ **理论和案例相结合：** 本书在讲解基础知识的同时穿插了大量典型案例，这些典型案例均为电商平台中的真实案例，具有很强的参考性和引导性。这种理论与案例相结合的教学方式可以改善教学效果，提高学生对文案创作的学习兴趣。

◆ **覆盖主流电商平台：** 本书讲解的知识与当前主流电商平台文案的策划与写作需求非常契合。本书讲解的文案类型包括网店商品文案、品牌宣传文案、微信文案、微博文案、直播文案、短视频文案、知乎文案、小红书文案等。

◆ **结构科学，强调就业：** 本书编者在写作前期仔细地研究了各种类型的电商文案案例，采用以文案写作结构为主线的方式，以先策划后创作、先标题后正文的思路编写了本书，旨在培养学生的职业能力，将"教学""策划""写作""就业"等目标融为一体。

◆ **校企合作，专业性强：** 本书由学校教师和电商企业的文案创作人员合作编写。学校教师教学经验丰富，侧重对理论的理解和撰写；电商企业的文案创作人员实践经验丰富，侧重对案例和具体分析方面的编写。这种模式使得书中的案例更加贴近实际，易于学生理解，有利于提高学生的就业竞争力。

◆ **素养培育，职业提升：** 本书不仅在每个项目首页设置了"素养目标"，还在项目中设置了"素养提升"栏目，融入了个人素养、文化传承、职业道德等元素，有助于培养学生遵纪守法、诚实守信的良好品格，从而提升学生的职业道德和文化自信，让学生意识到电商文案在推广品牌的同时，还应致力于传递正面的价值观。

三、配套资源

本书提供PPT、教学大纲、教学教案、题库练习软件等教学资源，用书教师可访问人邮教育社区（www.ryjiaoyu.com）搜索并下载。

本书由浙江经贸职业技术学院的林锋、广西经贸职业技术学院的程波担任主编，聊城职业技术学院的李学峰、黔西南民族职业技术学院的罗依、新疆轻工职业技术学院的张明担任副主编。

虽然编者在编写本书的过程中倾注了大量心血，但恐百密之中仍有疏漏，故而恳请广大读者及专家不吝赐教。

编者

2025年1月

目　　录

项目 一

电商文案写作的准备

学习目标

【知识目标】

● 熟悉电商文案的基础知识。

● 掌握市场环境分析、商品分析、目标用户分析的相关知识。

● 熟悉电商文案推广策略。

【能力目标】

● 能够开展市场调研，并分析市场环境。

● 能够明确商品的定位，并提炼商品卖点。

● 能够构建用户画像，并分析用户的购买意向和购物心理。

【素养目标】

● 通过对电商文案写作者的职责和要求进行比照，提升自身综合能力。

● 养成关注经济、政治、社会发展的习惯，开阔眼界，提升全局分析能力。

引导案例

某新成立的家居家电用品品牌通过市场调研和对商品、用户的分析，将目光锁定在生活在一二线城市的35～50岁中年群体。这一群体注重生活的品质与便捷性，渴望通过科技让日常生活变得更加舒适高效，偏好操作简单、设计人性化且能显著提升生活品质的商品。为此，该品牌精心策划了一系列电商文案，如智能扫地机器人的文案"一步到位的干净，留给享受生活的你"，智能门锁的文案"一触即开，安全更懂成熟的心"等。这些文案巧妙地呼应了目标群体对品质生活的重视。由于定位精准，这些文案取得了显著效果。

互联网的快速发展推动着电子商务的不断进步。在这一进程中，电子商务文案（以下简称"电商文案"）应运而生，并在当前品牌营销推广方面发挥着显著作用。

▌任务一　初识电商文案

【任务引入】

对于电商商家来说，吸引用户的注意力并说服用户达成交易，是一项十分重要的工作。而电商文案以图文并茂的形式向用户展示商品，能够迅速吸引用户，并激发用户的购买欲望。因此，文案是电商商家推销商品、实现经济效益的重要手段。在学习电商文案策划与写作前，读者需要了解电商文案的一些基础知识。

【相关知识】

一、电商文案的概念

电商文案属于文案的一种特殊类型，具备文案的所有特性，主要适用领域为互联网。使用电商文案的主要对象为电商平台上的商家，目标则是销售商品。

现代文案的概念源自广告行业，是"广告文案"的简称，指在大众媒介上刊发的广告作品中所包含的语言文字。广告文案有广义和狭义之分，广义的广告文案包括对标题、正文和口号的撰写，以及对广告形象的选择和搭配等；狭义的广告文案仅包括对标题、正文和口号的撰写。

电商文案是在电子商务领域中，为推广商品和品牌、吸引并说服用户购买商品而撰写的商业文案。随着电商的蓬勃发展，电商文案已经成为电商营销策略中的重要组成部分，它不仅是商品信息的传达者，更是品牌与用户之间情感与价值交流的桥梁。

二、电商文案的商业价值

电商文案能刺激商品的销售，帮助提高商品的点击率和转化率，并且其成效能够直接反映在实际数据上。例如，优秀的详情页文案能抓住用户痛点、赢得用户信任，直接影响用户的购买意愿。电商文案具有不容忽视的商业价值，具体体现在以下3个方面。

（一）促进品牌资产的积累

用户在购买商品的过程中，容易受品牌影响，因此促进品牌资产的积累成为所有商家认真追求的营销目标。通过文案创作，商家可以将商品和品牌以形象生动的文字进行表达。图1-1通过文字让用户了解品牌的形成过程、品牌所倡导的文化精神、品牌所代表的意义等，从而增加用户对品牌的好感和信任度。长此以往，就可以逐渐累积品牌美誉度，使用户对该品牌的质量可信度、社会公信力、市场竞争力、服务诚意、致力公益事业，以及回报社会等形成良好的评价和印象，这样用户在产生购买想法时就会倾向于选择具备品牌资产的商品。

光阴荏苒，岁月如梭。一百年，弹指一挥间。

一百年前，冠生园在上海老城厢九亩地露香园路（今大境路）诞生，从出售牛肉干、陈皮梅等小食开始，不断发展壮大。

历经血与火的洗礼，冠生园稳稳扎根；在热火朝天的社会主义建设时期，冠生园在党的关怀下不断成长；在改革开放繁荣昌盛的新时代，冠生园抓住机会，在市场经济中腾飞。

矢志不渝的崇高使命，积极勇敢的企业变革，深厚积淀的企业文化成就了冠生园今日的辉煌。

一百年风雨历程，一百载砥砺奋进，现在的冠生园，是中国食品行业的龙头企业，引领着中国食品行业，尤其是糖果企业的时代潮流，对亚洲乃至全球食品行业都有着重要的影响。

在市场化的激烈变革中，冠生园积极探索、勇于创新，以科学的管理体系、有效的激励手段不断焕发蓬勃的生机与活力。企业管理水平与生产能力不断提高，各方面都取得了丰硕的成果。今天，冠生园以"提升国人的生活质量"为宗旨，用准确的市场定位、超前的规划设计，以及优质的服务享誉全球。

一百年，是一个重要的里程碑，也是一条崭新的起跑线。冠生园将秉承优秀企业经营理念，抓住时代发展的重要机遇，以科学发展观为指导，努力打造"美丽、和谐、炫动"的新生活，开创人类食品美好的明天！

图 1-1　塑造品牌

点评： 该电商文案不仅介绍了品牌的悠久历史，凸显了品牌的底蕴，还展示了品牌所拥有的市场地位，突出了品牌雄厚的实力。这些内容有助于为品牌塑造良好的形象，使用户对品牌产生好感。

（二）增加用户的信任

电商文案是为实现商家与用户的良好沟通，改变用户的固有观念，引导用户产生购买行为，并树立良好的商品和品牌形象而创作的。电商文案的内容带有销售性质，主要目的是让用户信任文案中所描述的商品并产生购买行为。因此，可以认为电商文案在某种程度上等同于一种销售行为。销售基于信任，而电商文案恰好能够通过各种内容的展示建立商家与用户之间的信任，如图1-2所示。

金典SATINE 👑
4-19 09:00 来自 微博网页版 已编辑

谷雨时节，春雨轻洒限定48°N呼伦贝尔草原牧场，120多种牧草汲取着大自然精华，蓬勃生长，只待绿意将整个草原染遍🌿【关＋转】，抽1位朋友品尝金典牛奶。

好草原孕育金典好奶，#金典限定呼伦贝尔纯牛奶#，每百毫升富含3.8g原生乳蛋白和125mg原生高钙，每一口都是大自然和草原的馈赠🐄

🛒金典旗舰店纯牛奶梦幻盖250ml*10牧场-呼伦贝尔 🔗抽奖详情 收起

图 1-2　建立信任

点评：本案例中介绍牛奶的文案提及"48°N呼伦贝尔草原牧场""120多种牧草汲取着大自然精华"，强调奶源的纯净与丰富营养，暗示金典牛奶的高品质从源头开始。而"每百毫升富含3.8g原生乳蛋白和125mg原生高钙"数据则为用户提供客观的科学依据，让用户能够直观地理解商品的营养价值，进一步巩固商品优质、健康的特点，有助于增强用户对牛奶的信任。

（三）整合营销与促进互动

电商文案基于网络平台无处不在的特质，使用户只要具备上网的条件就可以通过网络在各种终端设备（计算机、平板电脑和手机等）中浏览信息。文案写作者还可以通过各种网络平台对文案进行推广与宣传，扩大文案的传播范围，例如网页、微博、微信、小红书等平台都是对文案进行推广与整合营销的有效渠道。同时，商家不仅能及时获得用户的意见与反馈，还能与用户互动（见图1-3），从而拉近与用户之间的距离。如果互动的范围和讨论的话题具有一定热度，还能更好地发挥宣传与营销的作用，从而起到事半功倍的效果。

图 1-3　与用户互动

点评：本案例中的品牌通过转发粉丝发布的与品牌相关的微博，一方面可以与该粉丝进行互动；另一方面借粉丝的口吻宣传品牌商品，让其他用户感受到品牌的亲和力。

三、电商文案的类型

电商文案种类繁多，不同的文案适用于不同的情景，所达到的效果也不相同。根据文案在电商营销活动中功能的不同，可以将电商文案分为以下类型。

（一）展示类电商文案

展示类电商文案的主要功能是向用户提供商品或活动的详细信息，从而促进商品的销售。其又可以分为商品海报文案、促销活动文案、商品评价回复文案、商品详情页文案4种类型。

1．商品海报文案

商品海报文案的功能是通过展示商品的性能特点或主要卖点，刺激用户产生购买商品的欲望。商品海报文案具有艺术表现力丰富和视觉效果强烈等特点，常以震撼的视觉效果图配上简洁的文字语言展示商品的亮点，如图1-4所示。

图 1-4　商品海报文案

点评：该商品海报文案介绍了某款跑步运动鞋的主要特点，并配上具有视觉冲击力的图像，以吸引用户点击。

2．促销活动文案

促销活动文案通过强调商品的优惠方式，提高商品的浏览量与销量。促销活动文案常以口号的形式号召用户参与购物，其用语相对简洁，以突出商品卖点、优惠价格、促销力度等，如图1-5所示。

图 1-5　促销活动文案

点评：该促销活动文案以醒目的数字"0.1元"吸引用户眼球，并标明了活动的时间、特权数量和奖品价值。

3．商品评价回复文案

商品评价回复文案是商家在评论区对用户评论进行回复的内容，如图1-6所示。其内容包括对用户评价的解释、感谢，以及引导购买等。

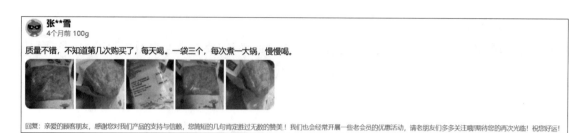

张**雪

4个月前 100g

质量不错，不知道第几次购买了，每天喝。一袋三个，每次煮一大锅，慢慢喝。

回复：亲爱的顾客朋友，感谢您对我们产品的支持与信赖，您简短的几句肯定胜过无数的赞美！我们也会经常开展一些老会员的优惠活动，请老朋友们多多关注哦!期待您的再次光临! 祝您好运!

图 1-6　商品评价回复文案

点评：该商品评价回复文案对发表好评的用户表示了感谢和祝福，并表示希望用户能对网店的后续活动进行持续关注。

4. 商品详情页文案

商品详情页文案是具体描述商品详细信息的文案，其作用是说明商品的功能、性能、规格、参数、使用方法、售后服务等信息。用户常通过商品详情页文案中的图片和文字了解商品，并决定是否购买。因此，商品详情页文案要尽量保证图片美观、文字简洁，还需围绕商品信息进行写作。在写作商品详情页文案时，文案写作者还要注意用词准确且语言风格统一，如图1-7所示。

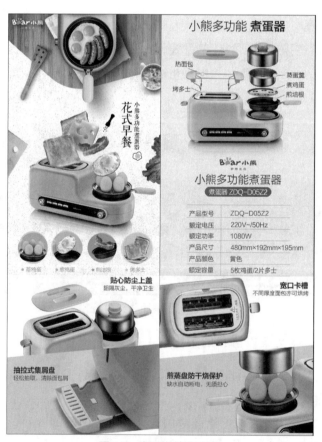

图 1-7　商品详情页文案

点评： 该商品详情页文案向用户展示了某多功能煮蛋器的主要功能、构成、性能参数和细节设计等信息，让用户能够在了解商品的同时产生购买欲望。

（二）品牌宣传类电商文案

品牌宣传类电商文案是为品牌服务的，以树立良好的品牌形象、提升品牌美誉度等为目的的文案类型。品牌宣传类电商文案需要通过文案的内容让用户体会品牌的诚意，建立该品牌在用户心目中的地位，以获得用户的信任，使用户认可该品牌的商品。品牌宣传类电商文案通常包括品牌故事、品牌标语和品牌名称。

品牌故事常出现在品牌官方网站或商品详情页文案中，文案写作者在写作时需仔细选取素材，从品牌具有代表性的事件、品牌创始人或品牌起源等角度切入，清晰地叙述故事发生的时间、地点、人物，发生的起因、经过和结果等，并在故事发展中融入品牌的来历、理念、价值等信息，以提高用户对品牌的认可度，如图1-8所示。

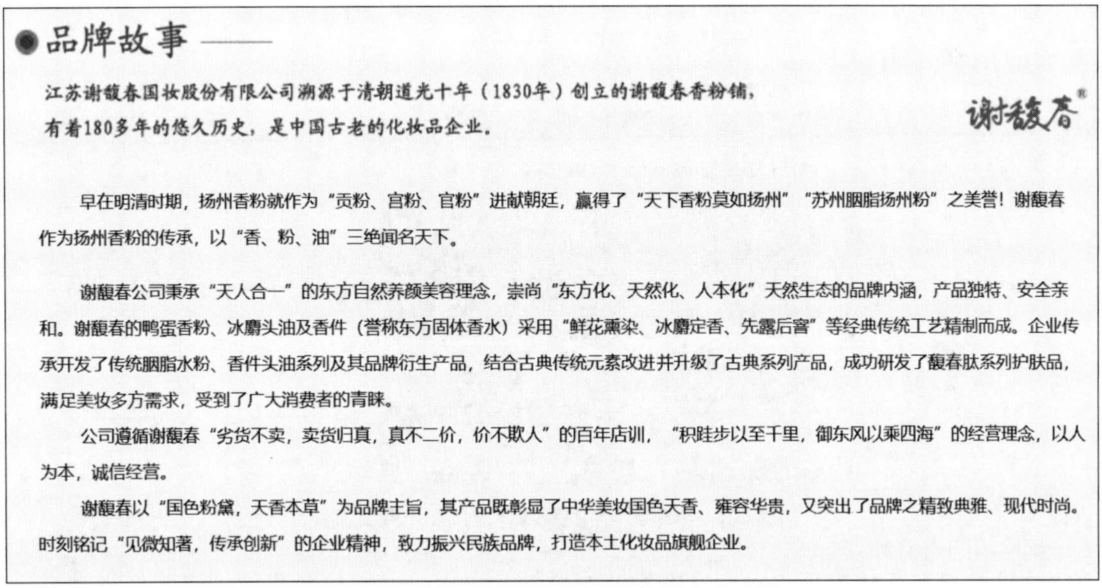
品牌故事——

江苏谢馥春国妆股份有限公司溯源于清朝道光十年（1830年）创立的谢馥春香粉铺，有着180多年的悠久历史，是中国古老的化妆品企业。

谢馥春®

早在明清时期，扬州香粉就作为“贡粉、宫粉、官粉”进献朝廷，赢得了“天下香粉莫如扬州”“苏州胭脂扬州粉”之美誉！谢馥春作为扬州香粉的传承，以“香、粉、油”三绝闻名天下。

谢馥春公司秉承“天人合一”的东方自然养颜美容理念，崇尚“东方化、天然化、人本化”天然生态的品牌内涵，产品独特、安全亲和。谢馥春的鸭蛋香粉、冰麝头油及香件（誉称东方固体香水）采用“鲜花熏染、冰麝定香、先露后窨”等经典传统工艺精制而成。企业传承开发了传统胭脂水粉、香件头油系列及其品牌衍生产品，结合古典传统元素改进并升级了古典系列产品，成功研发了馥春肽系列护肤品，满足美妆多方需求，受到了广大消费者的青睐。

公司遵循谢馥春“劣货不卖，卖货归真，真不二价，价不欺人”的百年店训，“积跬步以至千里，御东风以乘四海”的经营理念，以人为本，诚信经营。

谢馥春以“国色粉黛，天香本草”为品牌主旨，其产品既彰显了中华美妆国色天香、雍容华贵，又突出了品牌之精致典雅、现代时尚。时刻铭记“见微知著，传承创新”的企业精神，致力振兴民族品牌，打造本土化妆品旗舰企业。

图 1-8　品牌故事

点评： 本案例中的化妆品品牌故事在开篇便阐述了品牌具有代表性的历史事件——明清时期作为贡品，彰显了品牌悠久的历史。此外，文案中还提到了“天人合一”的理念、“东方化、天然化、人本化”的品牌内涵，以及“劣货不卖，卖货归真，真不二价，价不欺人”的店训，传递了品牌背后的价值观和经营哲学。

品牌标语通常是一个简短、富有创意且易于记忆的句子或短语，在品牌识别中扮演着关键角色，能帮助品牌在激烈的市场竞争中脱颖而出。品牌名称指品牌中可以用语言称呼的部分，是品牌的重要组成部分，承载着品牌的识别、传播和法律保护功能（品牌名称注册后可受法律保护）。

（三）新媒体推广类电商文案

电商文案服务于整个网络平台，用于推广并宣传商品、品牌或服务，电商商家还需通过多样化的网络渠道进行营销宣传，如微博、微信、今日头条、小红书、短视频平台、直播平台等。通常情况下，这些网络渠道被称为新媒体。文案写作者就要在这些平台上进行相应的写作并发布有关商品、品牌或服务的推广文案。

虽然在不同平台中，文案的写作方法和表现形式有所不同；但相同的是，这些文案都通过富有吸引力的内容吸引用户，并在无形中将商品的特性、功能或品牌态度展示给用户。有些文案写作者还擅长借助热点，如热门事件、节日等，将这些热点与商品及品牌结合起来，吸引用户关注，并加深品牌在用户心中的印象，如图1-9所示。

图 1-9　与热点结合的新媒体推广类电商文案

点评： 该新媒体推广类电商文案发布在微博平台上，其内容是指导用户制作当时热门的天水麻辣烫，一方面借助天水麻辣烫增加曝光度和关注度；另一方面在输出实用内容的同时，通过将菜籽油作为食材的方式植入商品营销信息。

四、电商文案写作者的基本职责

文案写作者的工作能力与职业素养影响着文案质量。一名优秀的电商文案写作者应当具备撰写有吸引力的文案的能力，能够引起用户共鸣，从而为商家和品牌的营销活动服务。具体来说，电商文案写作者的工作职责包含以下4个方面。

（1）根据品牌的定位和推广需求进行文案策划，以确保文案内容契合营销目的，从而有效吸引目标用户。

（2）撰写品牌宣传文案，如品牌故事、品牌标语等，维护和提升品牌形象。

（3）挖掘商品卖点，撰写能突出商品特点、展现商品价值、使用户产生强烈购买欲望的商品详情页文案、商品海报文案。

（4）撰写新媒体推广文案，如微信文案、微博文案、短视频文案、直播文案、小红书文案等。

五、电商文案写作者的职业要求

在电商领域，文案写作者扮演着至关重要的角色，他们的能力直接关系商品销售与对品牌形象的塑造。为胜任这一职位，电商文案写作者需要满足以下职业要求。

◆ **文案创作能力：** 文案创作能力是文案写作者应具备的最基础的能力，其具体表现在逻辑能力（观察、比较、分析、综合、抽象、概括、判断、推理事物的能力）、语言风格的自由切换能力（针对不同的商品和用户群体，使用不同风格的文字进行表达的能力）和文字创作技巧3个方面。

◆ **创新能力：** 对于文案写作者来说，只有具备创意和灵感，才能让文案更具创新色彩。好的创新能力可以使文案内容深入人心，从而引起用户的关注。创新能力可以通过后天的练习进行提升，如保持对新事物的好奇心，接受不同的观点和意见，与他人交流和分享观点，从而扩展思维方式和视野，为创新提供更多的思维资源和灵感。

◆ **审美能力：** 审美能力可以通过文案内容的创作能力和排版能力直接体现，具有一定审美能力的文案写作者创作的文案更有节奏韵律和美感，他们可以通过对文案内容、文字、色彩、图片等的个性化设计给用户留下深刻的印象，以强烈的视觉冲击力增强文案的宣传作用。

◆ **学习能力：** 在这个网络技术飞速发展的时代，各种新观念、新事物、新知识、新技术层出不穷。因此，文案写作者需要具备一定的学习能力，不断学习最新的知识和技巧，并将学到的知识转化为自己所需要的能力，并在此基础上推陈出新，创造优秀的作品。

◆ **协调沟通能力：** 电商文案写作所涉及的范围较广，需要与各部门的工作人员进行多方协调与沟通，因此文案写作者要具备良好的团队合作能力。

◆ **工作态度：** 任何工作都要有高度的责任感，爱岗敬业、诚实守信的工作作风和严谨踏实的工作态度是文案写作者不可或缺的。

> **小提示**
>
> 企业对文案写作者一般还有专业方面的要求，常常招聘广告、新闻、中文等专业的应聘者。但创作电商文案的灵活性很大，若是个人文字功底较强或对这个行业有独到的见解，企业也会放宽录用条件。

任务二　分析市场环境

【任务引入】

电商文案写作的第一项准备工作就是分析市场环境，文案写作者可以使用科学的方法，系统地进行市场调研，获取最新的市场行情信息，为文案写作提供客观、正确的依据。

【相关知识】

一、市场调研

市场调研指一种系统性的、有目的的收集、分析和解释，关于市场、用户、竞争对手及行业相关信息的过程，其主要目的是帮助企业或组织更好地理解市场需求、用户行为、市场趋势及竞争环境，从而做出更为明智的商业决策。通过市场调研，文案写作者可以判断企业的营销决策、促销手段等是否切实可行，并及时了解用户需求，使文案更贴近用户的心理和需求。

市场调研通常包含以下4个关键步骤。

（1）定义问题与目标。明确调研的目的和需要解决的具体问题。

（2）收集数据。选择合适的数据收集方法，如问卷调查、深度访谈、观察法和二手数据收集等。

◆ **问卷调查：** 通过设计一系列结构化的问题收集被调查者的意见或行为数据。问卷通常包含封闭式问题（如选择题、是非题）和开放式问题（允许自由回答），以便量化分析和收集具体细节。

◆ **深度访谈：** 旨在通过一对一的深入对话，探索被访者对某个话题的看法、感受、态度或行为动机。深度访谈能够获取更深层次、更具个性化和情境化的信息，有助于揭示被访者背后的原因和动机。

◆ **观察法：** 指研究者直接观察被研究对象的行为、互动或环境，而不是通过询问收集数据。观察法有助于收集无法通过言语表达的信息，如购物行为、使用场景等，适用于研究者了解真实环境下的用户行为。

◆ **二手数据收集：** 指已经由他人收集并记录的数据，可以通过公开出版物、行业报告、政府统计、网络资源、先前的研究报告等渠道获取。二手数据的时效性、准确性和适用性需要仔细评估，以确保其对当前研究的适用价值。其中，比较常用的是通过数据平台收集数据，如淘宝网的生意参谋、百度的百度指数、字节跳动的巨量算数（收集抖音、今日头条等字节跳动旗下平台的数据）等。

（3）分析数据。整理、统计分析和解释收集的数据，并识别趋势、模式和关联。

（4）报告结果。将调研发现和结论编制成报告，通常包括建议和策略性洞察，以供管理层或决策者参考。

假如一个食品品牌正筹备在电商平台上推出一系列针对忙碌的都市年轻人的即食方便食品，文案写作者为获取市场信息需开展市场调研，具体步骤如下。

① 定义问题与目标。深入剖析忙碌的都市年轻人在挑选即食方便食品时的主要考量因素，聚焦于如何通过文案精准触达其核心诉求。

② 收集数据。采用在线问卷收集数据，问卷设计覆盖食品偏好、购买习惯、生活方式等方面的问题；同时在微博上开展"购买即食方便食品时关注的因素"投票活动，让潜在用户直接参与投票。

③ 分析数据。统计问卷和互动数据，识别年轻用户对即食方便食品的核心需求，包括快捷便利、低卡、高蛋白、无添加等。

④ 报告结果。制作调研报告，在报告中强调"忙碌的都市年轻人偏爱快速烹饪、高蛋白、低卡的即食餐"。建议文案突出"五分钟速享，健康不妥协"这一核心信息，以响应用户需求。

点评： 该调研的目标明确，直指核心用户群体——忙碌的都市年轻人的购买决策因素，强调文案与用户需求的精准对接，为后续的调研方向设定清晰的目标。结合线上问卷和社交媒体投票两种方式，获得量化数据。通过数据分析识别用户的核心需求，如快捷便利、低卡、高蛋白、无添加等，这些信息对于后续的文案创作极其关键，能够确保文案内容直击用户痛点。

二、市场环境分析

市场环境是影响商品营销推广和生产销售的重要因素，这也是电商商家无法直接控制的部分。市场环境分析的内容是调查和分析商品市场的营销环境，其主要因素包括政治、经济、社会、技术等，通常利用PEST分析法进行分析。

PEST分析法是一种用于评估宏观市场环境的工具，用以识别和分析影响企业的外部因素，有助于企业了解外部环境对其业务的影响，识别机会和挑战，制定相应的战略和决策。PEST代表政治（Political）、经济（Economic）、社会（Social）、技术（Technological）这4个方面的因素。

（1）政治因素（Political）。政治因素包括政府政策、法律法规、政治稳定性、税收政策、贸易规定和政府对产业的干预。政治因素对企业经营环境和市场竞争有着重要影响，因此企业需要深入了解政治因素的变化和趋势。

（2）经济因素（Economic）。经济因素包括通货膨胀率、汇率、利率、经济增长率、失业率等因素。经济因素会直接影响企业的成本、价格策略和市场需求，因此企业需要了解经济因素的发展情况。

（3）社会因素（Social）。社会因素包括人口统计、文化价值观、社会趋势、用户习惯和社会变革。企业需要了解目标市场的社会特点，以便更好地满足用户需求。

（4）技术因素（Technological）。技术因素包括科技发展、创新趋势、技术可用性和竞争技术。技术因素对商品开发、生产和市场推广产生了深远的影响，因此企业了解技术趋势和创新十分有必要。

小提示　政治、经济、社会和技术是宏观层面上的市场环境影响因素；对于电商商家来说，企业本身、商品品牌、原材料供应商、营销中介、用户群体和竞争对手等则是具体的市场环境影响因素。

素养提升

由于需要对市场进行分析，文案写作者需要经常关注国家、社会宏观层面的发展形势，具体方式包括关注政府网站、政策研究机构报告、行业监管机构公告，以及参加行业相关的研讨会或讲座、加入专业社群讨论等。

任务三　分析商品

【任务引入】

文案写作者要在分析商品的基础上撰写文案，才能使写出来的内容符合商品的特点，体现商品与众不同的卖点，进而吸引有需求的用户。一般来说，分析商品包括明确商品的定位、明确商品的生命周期、提炼商品卖点等内容。

【相关知识】

一、明确商品的定位

明确商品的定位有助于形成对商品的全面认识，这对电商文案创作者撰写描述商品的文案有极大帮助。通常情况下，电商文案创作者在定位商品时可以考虑以下问题并给出答案，就可以对商品的定位有一个比较明确的认识。

◆商品的主要功能是什么？

◆商品区别于其他商品的特点是什么？

◆商品的优势在哪里？

◆商品的实用价值是什么？

◆商品针对的用户群体是哪些？

◆商品能帮助用户解决什么问题？

◆商品是否经济实惠？

◆商品的购买渠道是什么？

◆商品有无优惠活动？

◆商品提供哪些售后服务？

◆购买过商品的用户的反馈是怎样的？

二、明确商品的生命周期

商品的生命周期指从新品上市到商品被市场淘汰的过程，通常包括萌芽期、成长期、成熟期和衰退期4个阶段。电商文案写作者必须明确商品所处的生命周期阶段，采取不同的写作方式和创意技巧，有针对性地写作文案，如图1-10所示。

文案写作目标：提高用户关注度和商品知名度
写作要点：使用具有时尚感和新奇感的语句，突出商品的性能、商品的价格、卖点

文案写作目标：增加用户对商品和品牌的好感
写作要点：展示更具针对性的说服性诉求，宣传商品的优势、品牌的实力等

文案写作目标：维护忠诚度，促进用户复购
写作要点：利用品牌故事强化用户与品牌之间的情感纽带，强调商品升级或宣传会员福利

文案写作目标：清理库存
写作要点：强调打折优惠

图1-10 不同商品的生命周期阶段及其文案写作策略

（1）萌芽期。萌芽期的文案以提高用户关注度和商品知名度为主要目标，文案写作者在文案中可以使用具有时尚感和新奇感的语句，以突出商品的性能和价格，强调商品的独特卖点。某处于萌芽期的商品的文案如下。

【新品尝鲜】革新科技，未来已来！探索未知的边界，我们的新品×××正式登陆，颠覆传统，只为追求极致的你。

点评："新品尝鲜"和"未来已来！"这样的词汇可以营造一种新鲜感与紧迫感，激发用户对新品的好奇心和探索欲，符合萌芽期需要快速提高商品知名度的需求。"革新科技"和"颠覆传统"则直接传达商品区别于市面已有商品的创新特性，明确商品的核心竞争力，符合新上市的商品需要突出独特卖点的策略。

（2）成长期。成长期写作文案的目标是增加用户对商品和品牌的好感，使知名度转化为美誉度，并最终转化为实际的购买行为，以提高商品的市场份额。在具体写作时，要展示更具针对性的说服性诉求，侧重于宣传商品的优势和品牌的实力等。某品牌正处于成长期的空气炸锅的文案如下。

【健康烹饪新纪元】××空气炸锅，采用全新高速空气循环技术，低油烹饪更健康，美味依旧！一键智控，轻松驾驭多样菜式，多样美食随心做，厨房小白也能变大厨。选择××，拥抱便捷与健康，让每一餐都满载幸福滋味。点击下方链接购买，即刻开启您全新的烹饪之旅吧！

点评： 该文案很好地体现了商品在成长期的策略。通过展示商品优势、强调便捷健康的生活方式，结合情感营销，有效地促进了品牌美誉度的提升，并且以明确的行动指引促进销售转化。

（3）成熟期。成熟期写作文案的策略是维护忠诚度、促进用户复购。在具体写作时，可以利用品牌故事强化用户与品牌之间的情感纽带，也可以强调商品升级，或者宣传会员福利。某品牌正处于成熟期的咖啡豆的文案如下。

【蓝山印象·焕新篇——升级品鉴之旅】当经典遇见创新，每一颗蓝山印象咖啡豆都再度绽放新意。全新【精研升级版】，携味觉盛宴而来，专为钟情高品质咖啡的您精心打造。

升级亮点：

【深度烘焙技艺】独家优化烘焙曲线，释放豆香更纯粹，口感层次分明。

【环保可再生材料】包装升级，采用环保可再生材料，守护地球同时守护美味。

【智能配比建议】附赠量身定制冲泡指南，轻松掌握黄金配比，家中亦可享大师级醇香。

点评： 该文案专注于展现蓝山印象咖啡的升级之处，通过强调这些细节唤起用户的复购欲望。

（4）衰退期。在商品的衰退期，通常需要清理库存，此时的文案需强调打折优惠，以刺激大量用户购买，如"清仓折扣等你来！"。

三、提炼商品卖点

卖点指商品具备"人无我有，人有我优，人优我特"的特点。这些特点一方面是商品本身固有的，另一方面是通过电商文案创作者的想象力、创造力所赋予的。无论卖点从何而来，只要能将其融入营销战略，并转化为用户能够接受、认同的利益和效用，就能达到树立品牌形象、促进商品销售的目的。文案写作者可以使用以下方法提炼商品卖点。

（一）FAB法则

FAB法则，即属性（Feature）、作用（Advantage）和益处（Benefit）法则，是一种说服性销售技巧，在商品卖点提炼中十分常用。FAB法则中，F、A、B所代表的含义如下。

◆**F：** 代表商品的特征、特点，是商品最基本的功能，主要从商品的属性、功能等角度进行潜力挖掘，如超薄、体积小、防水等。

◆**A：** 代表商品的特征发挥的优点及作用，需要从用户的角度进行考虑，思考用户关心什么和用户心中有什么问题。然后针对问题，从商品特色和优点的角度进行提炼，如方便携带吗？电池耐用吗？

◆**B：** 代表商品的优点、特性，以及带给用户的好处、益处。此处应该以用户利益为中心，强调用户能够得到的利益，以激发用户的购物欲望，如视听享受、价格便宜等。

一般来说，从商品的属性方面挖掘用户所关注的卖点是比较常用的方法。每个商品都能够很容易地发现F，每一个F都对应一个A和一个B。需要注意的是，用户最关注的往往是商品的作用和直接收益。使用FAB法则提炼某经典机械手表的结果如表1-1所示。

表1-1　使用FAB法则提炼的卖点

序号	F	A	B
1	瑞士自动上链机芯	高精度计时性能	提供准确的时间显示
2	蓝宝石水晶镜面	保护表盘不被划伤，确保表盘始终如新	无须频繁更换镜面，降低维修成本
3	316L 不锈钢材质	提升手表的整体档次感	体现个人品位

（二）属性提炼法

与FAB法则不同的是，属性提炼法是根据商品的各种属性提炼卖点的，包括价值属性、形式属性、期望属性和延伸属性。

◆**价值属性：** 指商品的使用价值，是商品本身具有的、能够满足用户需求的属性。例如，吸尘器的价值属性为吸尘。

◆**形式属性：** 指商品使用价值得以实现的形式或目标市场对某一需求的特定满足形式，包括质量、外形、手感、重量、体积、包装等。

◆**期望属性：** 指商品满足用户期望的一系列条件。不同的用户有着不同的期望。例如，除了洗涤、甩干功能外，有些用户还希望洗衣机具有烘干、消毒等功能。

◆**延伸属性：** 指商品的附加价值，如品牌、荣誉、服务、承诺等。

使用属性提炼法对某洗衣机的卖点进行提炼的结果如表1-2所示。

表1-2　使用属性提炼法提炼的卖点

属性	卖点
价值属性	高效清洁能力，采用先进的智能洗涤系统，针对不同材质的衣物提供定制化洗涤程序
形式属性	触摸屏控制面板，操作直观简便，一键选择多种洗涤模式
形式属性	拥有 10kg 的大洗涤容量，适合多人家庭使用
期望属性	智能互联，用户可通过手机 App 远程操控，实时监控洗涤状态
期望属性	采用节能变频电机，降低能耗的同时减少噪声
延伸属性	来自知名家电品牌，承诺多年质保及快速响应的客户服务，全国联保

■任务四 分析目标用户

【任务引入】

写作文案的目标是增加商品销量或加深用户对品牌的认知，这些目标针对的对象都是用户。在写作电商文案前，文案写作者还有一项非常重要的工作，即分析目标用户。文案写作者在分析目标用户时，要站在用户的角度进行思考，寻找文案内容与用户需求之间的契合点，通过文案引发用户的共鸣，从而促使用户做出消费决定。

【相关知识】

一、目标用户画像

用户画像是一种用来描绘和概括目标用户群体特征的工具，是基于真实数据构建的虚拟用户形象。用户画像旨在帮助文案写作者更好地理解目标用户，从而写出更为精准的文案。用户画像通常包含以下内容。

◆ **基本信息：** 用户的年龄、性别、职业、教育背景、收入水平、地理位置等。

◆ **行为特征：** 用户的购买行为、浏览习惯、使用频率、消费偏好、品牌忠诚度、购买决策过程、使用场景等。

◆ **兴趣爱好：** 用户的娱乐方式、休闲活动、关注的话题、兴趣点、社交媒体偏好等。

◆ **心理特征：** 用户的消费观、个性特征、对商品或服务的期望和需求等。

◆ **社会与家庭角色：** 用户在家庭和社会中担当的角色，如家长、学生、专业人士、意见领袖等。

某职场学习平台的目标用户画像构建内容如下。

◆ **基本信息：** 年龄25～50岁，涵盖从初入职场的新人到中高层管理者；学历主要为本科及以上学历，涉及各学科领域；收入为中等到高收入，愿意投资个人职业发展以获取更高的职业地位或薪资回报。

◆ **行为特征：** 学习动机是提升专业技能、获得职业认证、转行或晋升、保持行业竞争力；偏好灵活的学习时间与地点，倾向于利用碎片化时间学习；偏好实战性、应用性强的课程，如项目管理、数据分析、编程技术、领导力培养等。

◆ **心理画像：** 求知欲强，持续寻求新知识和技能；目标导向，有明确的职业发展目标，希望通过学习实现个人价值和职业晋升；自我驱动，能够主动规划个人学习路径，对个人成长有着较高期待。

◆ **社交与信息渠道：** 常驻于LinkedIn、微信公众号、行业论坛等职业社交平台，关注行业动态和个人品牌建设；在决策过程中重视同事、行业前辈的推荐和评价。

综上所述，该职场学习平台确定了相应的文案策略：强调实战性课程带来的即时职业提升，以积极、简洁且富有启发性的语言激发用户的职业发展热情，通过成功案例与行业权威认证建立信任，传达平台价值。

二、分析用户的购买意向

用户的购买意向指用户在特定情境下，对是否购买某一商品或服务的倾向性或预先形成的心理状态。用户的购买意向是用户决策过程中的一个重要环节，直接影响最终的购买行为。购买意向受到多种因素的影响，主要包括以下7个方面。

◆ **商品属性：** 商品的质量、功能、设计、价格等特性均会直接影响用户的购买意向。高性能、高性价比、符合个人喜好的商品更容易激发用户购买欲望。

◆ **品牌形象与信誉：** 企业的品牌形象、过往的用户评价、市场口碑等都会对购买意向产生显著影响。良好的品牌形象可以增加用户的信任感，促进购买意向的形成。

◆ **用户需求与动机：** 用户的实际需求、个人目标、购买动机强烈程度都会影响其购买意向。需求越迫切、动机越强烈，购买意向越强。

◆ **社会影响：** 亲友推荐、社交媒体影响、群体认同等社会因素也会影响用户的购买意向。正面的社会反馈可以增强购买意向，反之则可能削弱。

◆ **营销与促销活动：** 广告宣传、折扣促销等营销策略能有效刺激用户的购买意向，尤其是当这些活动与用户需求和偏好相契合时。

◆ **感知风险：** 用户对财务风险（如担心商品价格过高）、功能风险（如担心商品质量、性能不佳）、社会风险（如担心购买某些商品可能会导致他人的负面评价）等风险的感知程度会影响其购买意向。降低感知风险可以增强购买意愿，常见的手段包括推出无理由退货政策、延长保修期、展示大量积极的用户评价等。

◆ **个人因素：** 如用户的性格特质、价值观、生活阶段、文化背景等，这些个人差异也会影响其对商品或服务的偏好及购买意向。

研究用户购买意向的多方面因素对文案写作具有重要意义，它使文案创作更加精准、高效，不仅能够传达商品价值，更能触动用户的情感和理性需求，从而有效促进销售转化。

三、分析用户的购物心理

电商文案最本质的目的是商品的销售。文案写作者可以分析用户的购物心理（购买商品时的一系列心理活动），找出他们基于何种心理才想要购买某商品。文案写作者可以根据用户的购物心理，撰写更加符合用户需求的文案。常见的用户购物心理包括以下7种。

（1）实惠心理。具备实惠心理的用户追求的是商品的物美价廉，他们一般看重商品的功能、价格和实用性。文案写作者在写作针对具有实惠心理的用户的文案时，可以通过展示或对比商品的效用和功能表明商品的高性价比，或者在适当的时候进行促销，搭配"满两件打8折""第二件半价"等文案吸引更多这一类型的用户。

（2）仿效心理。仿效心理指用户在购买决策时倾向于模仿多数人的选择或遵循社会流行趋势，即使这些选择可能并不完全符合个人的实际需求或偏好。文案写作者在写作文案时强调商品的巨大销量，即可轻松利用用户的仿效心理引导其消费。例如，"一年卖出3亿多杯，杯子连起来可绕地球一圈"。

点评： 在该文案中，"一年卖出3亿多杯"这一具体数字直接展现了商品的热销程度，其暗含的信息是"既然这么多人选择，那我也应该试试"，有效地触发了用户的效仿心理。

（3）害怕心理。害怕心理指用户在决定购物或者购物之后产生怀疑、不安、后悔等负面心理情绪，即害怕做错决定，或者购买错误的商品，并且商品的价格越高，害怕心理的表现越严重。文案写作者在写作文案时，如果能帮助用户缓解这种心理，就更容易获得用户的信任，从而完成商品的销售，如提供保证和保障（强调有质量问题无条件退款、长期保修）的承诺、展示用户评价、专家推荐或名人代言等。

（4）个性心理。个性心理指用户在选择商品或服务时，会倾向于选择反映自身独特个性、价值观、生活方式，以及个人喜好的商品。个性心理驱使用户追求能够表达自我的商品。针对个性心理的文案写作，关键在于捕捉并强化商品或服务的独特性，如"超越平凡，始于选择。××品牌，为每一个不甘平庸的灵魂打造，让每一步都迈向更加精彩的自我"。

点评： 该文案成功地针对个性心理进行策略性的撰写，通过"为每一个不甘平庸的灵魂打造""让每一步都迈向更加精彩的自我"等表述，触动那些不愿墨守成规的用户。

（5）好奇心理。好奇心理指用户对某些商品的使用价值或者特殊性能产生不同程度的好奇心。文案写作者在写作文案时就需要体现新奇感或悬念感，以吸引用户购买商品，如"神秘盲盒，开盒有惊喜"。

（6）求美心理。求美心理是用户在购物时追求美感、和谐及审美满足的一种心理倾向，他们倾向于购买那些能够提升生活品质、符合个人审美标准的商品或服务。在进行文案写作时，需要充分展示商品的美学价值，激发用户的美感享受和情感共鸣，如"想象置身花香四溢的午后，××香氛轻轻环绕，那一刻，时间仿佛静止，只留下你与这份难以言喻的美好"。

点评： 该文案通过构建一个极具画面感的场景——"置身花香四溢的午后"，迅速将用户带入一个宁静而美好的时刻。文案通过使用"花香四溢""时间仿佛静止"

等词句，成功地唤起了用户的感官想象，使用户能够在心中预演使用该商品时的美妙感受。

（7）习惯心理。习惯心理指用户在重复购买相同品牌或类型的商品时逐渐形成的一种固定行为模式，可以减少购买时的决策成本。在写作文案时，应着眼于巩固这种习惯，增强品牌忠诚度，如"经典畅销款，品质始终如一，你多年不变的选择，因为信赖，所以依赖。"

点评："经典畅销款"与"多年不变的选择"这样的表述，可以向用户传达商品的长久历史与市场验证；通过强调"你多年不变的选择"，可以让那些习惯性购买的用户无须过多考虑，直接再次选择该品牌或商品，从而简化他们的决策过程。

任务五 明确电商文案推广策略

【任务引入】

在电商领域，写作文案是为了实现良好的营销效果，这一方面要求文案内容要富有创意、有吸引力，另一方面也离不开高效的推广策略。因此，文案写作者必须熟悉电商文案的推广策略，从而助力营销目标的实现。

【相关知识】

一、借势推广

借势推广指利用热点事件、热门话题等时事因素进行推广的方式。这种推广方式可以让电商文案在短时间内获得更高的曝光度和影响力。借势推广需要注意以下要点。

（一）实时监控与筛选热点

文案写作者应密切关注微博热搜榜、抖音热搜榜、微信指数、百度指数等追踪实时热点，如节假日、体育赛事、热映电影、社会公益活动、网络热梗等，并评估热点与品牌的关联度、正面影响潜力，以避开与品牌调性不符或敏感、负面的热点。

（二）快速响应

时效性是关键，一旦识别出与品牌相符的热点，便应快速构思创意，尽快推出相关文案，以避免该热点热度下降或不再被人关注。

（三）创意融合

巧妙地将热点与品牌或商品特性结合起来，创造有趣、有意义的内容，避免生硬捆绑，确保内容既有创意又能传递品牌信息。要实现创意融合，可以采用以下3种方法。

1. 寻找共通点

深入分析热点与品牌或商品的本质，找到两者之间的共通点或相似之处。例如，若热点是世界地球日，而品牌商品主打可持续材料，就可以强调品牌与这种环保理念的契合。

2. 故事化结合

构建围绕热点的故事情境，自然地将商品融入其中。例如，在春节期间讲述关于团圆与分享的故事，其中自然而然地提到了品牌食品会如何为家庭聚会添彩。

3. 设计互动活动

设计与热点相关的互动活动，如线上挑战赛、话题讨论、问卷调查等，让用户在参与的过程中接触品牌。例如，结合世界杯足球赛，发起"最佳预测赢取品牌定制足球装备"活动。

二、多平台推广

多平台推广是一种通过在多个平台上发布电子商务文案进行推广的推广方式。通过这种推广方式，可以将文案传播到更广泛的用户群体中，从而吸引更多的用户关注，以提高文案的曝光度和影响力。在进行多平台推广时，需要注意以下3个方面。

1. 平台选择与分析

根据目标用户的偏好和行为习惯，精选适合的推广平台，如主流电商平台（如淘宝、京东、拼多多）、社交平台（微信、微博、抖音、小红书）、搜索引擎（百度、搜狗），以及垂直社区等。

2. 内容定制化

针对不同平台的特性和用户偏好，定制差异化的内容形式和风格。例如，在视觉导向的平台（如小红书）使用高质量图片和视频，在以文字交流为主的平台（如知乎）注重深度文章和互动问答，在直播平台则可以进行商品展示和即时互动。

3. 跨平台整合营销

虽然不同平台有着不同的用户群体，但很多用户都会同时使用多个平台。因此，最好能使不同平台上的账号形成联动，从而实现相互引流。例如，在微博文案中号召用户关注品牌的微信公众号，或者引导用户前往淘宝网店购买商品。又如，在淘宝网店商品详情页文案中放置微信公众号二维码，邀请用户扫码关注等。

三、合作推广

合作推广指通过与其他企业或个人合作，借助其他合作方的资源和影响力，将电商文案推广给更多用户。常用的合作推广方式有以下两种。

（一）品牌联名推广

品牌联名推广指与另一品牌共同推出联名商品或活动，并发布相关文案，如图1-11所示，借助双方品牌的粉丝基础和市场影响力，相互引流，创造话题。

图 1-11　品牌联名推广

点评：这张海报文案展示的是肯德基咖啡与王老吉凉茶的联名商品——王老吉风味气泡美式。海报中使用"是美式 也是吉事"的口号表示这款咖啡既保留了美式咖啡的口感，又融入王老吉的凉茶元素，形成了独特的中式口味，贴合品牌联名推广的主题。

（二）达人合作推广

达人合作推广指与行业内的关键意见领袖或网络达人合作，通过他们的试用体验分享或商品推荐，直接触达其庞大的粉丝群体，从而提高品牌信任度和销量。达人合作推广的关键在于选择与品牌调性相符的达人，如推广火锅底料的文案可以选择美食博主，推广服装的文案可以选择穿搭博主等。

▌项目实训

实训一　使用巨量算数调研短裤市场信息

微课视频

使用巨量算数
调研短裤市场
信息

【实训背景】

某网店有一款短裤，网店打算为该短裤写作电商文案，因而需要使用巨量算数获取市场调研信息。

【实训要求】

（1）获取短裤的市场需求信息。

（2）获取短裤的用户分布信息。

【实训步骤】

（1）进入巨量算数首页，单击上方的"算数指数"选项卡，在打开页面的搜索框中输入关键词"短裤"，按【Enter】键。

（2）在打开页面中的"关键词指数"栏，可查看"短裤"的搜索指数变化情况，如图1-12所示。从图中可以看出，短裤的搜索指数一直维持在较高的水平，并且有缓慢上升的趋势，这说明短裤有一定市场需求，随着气温的上升，需求会越来越大。后续在写作短裤文案时，也可以渲染短裤的热卖氛围。

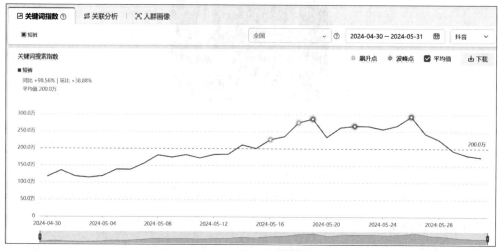

图 1-12　关键词搜索指数

（3）单击"关联分析"选项卡，在打开页面中的"内容关联词"栏中可以查看与"短裤"相关的热门关键词，在下方的"关联词排名"栏中可以查看相关关键词的排行情况，如图1-13所示。从图中可知，短裤的关联词包括薄款、速干短裤、遮肉等，这说明薄款、速干、遮肉等是短裤的热门属性，拥有这些属性的短裤具有较高的市场需求，因此在网店短裤的文案中也可以重点突出这几点。

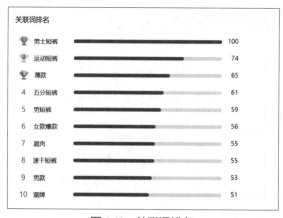

图 1-13　关联词排名

（4）单击页面上方的"人群画像"选项卡，在打开的页面中通过"地域分布"板块了解到，用户主要分布在广东、河南、江苏等省份，如图1-14所示。通过"年龄分布"板块可知用户的年龄主要集中在24～50岁，通过"性别分布"板块可得知女性用户的占比更高，如图1-15所示。在后续写作文案时，需要考虑这部分用户的喜好。

具体排名 点击左侧地图可查看各省份下城市排名

排名	省份	分布占比	TGI指数
1	广东	11.33%	95.00
2	河南	7.63%	120.00
3	江苏	7.35%	93.00
4	浙江	6.71%	100.00
5	山东	6.62%	113.00

图 1-14 用户的地域分布

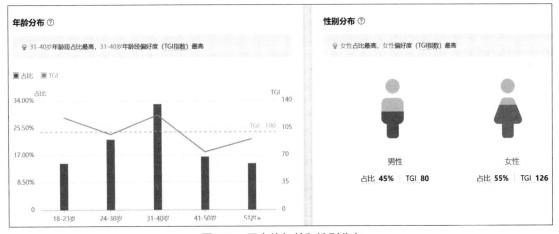

图 1-15 用户的年龄和性别分布

实训二 为农产品提炼卖点

【实训背景】

某水果网店推出了一款广西香蕉，产地是"中国香蕉之乡"广西钦州，当地全年气温较高，热量充足，无霜期长，有利于香蕉这类热带水果的生长发育；光照时间长，降雨充沛，为香蕉的光合作用和水分需求提供了理想的环境条件。该香蕉皮呈金黄色，果形饱满、皮薄；肉质软滑，味浓芳香，口感甜糯；含有16种人体所需的氨基酸和多种维生素；绿色、生态、无公害的种植模式，采用堆肥、腐熟农家肥、生物防治（如释放其天敌昆虫等），以及物理防治（如悬挂粘虫板等）等。

【实训要求】

（1）使用FAB法则为该香蕉提炼卖点。

（2）使用属性提炼法为该香蕉提炼卖点。

【实训步骤】

（1）使用FAB法则为该香蕉提炼卖点。从产地、营养价值、种植方式、口感4个方面对香蕉卖点进行挖掘，如表1-3所示。

表1-3 使用FAB法则提炼的香蕉卖点

序号	F	A	B
1	产自广西钦州	得天独厚的自然条件，确保香蕉能自然成熟、风味纯正	享受正宗、高品质的香蕉
2	含有16种人体所需的氨基酸和多种维生素	营养成分全面	有助于促进健康
3	绿色、生态、无公害的种植模式	无化学添加	无须担心食品安全问题
4	肉质软滑，味浓芳香，口感甜糯	不仅可以直接食用，还能作为烹饪食材	享受美食，探索制作美食的快乐

（2）使用属性提炼法为该香蕉提炼卖点。从价值属性、形式属性、期望属性和延伸属性4个方面提炼该香蕉的卖点，如表1-4所示。

表1-4 使用属性提炼法提炼的香蕉卖点

属性	卖点
价值属性	口感甜糯，营养丰富，满足用户对美味和营养的需求
形式属性	金黄色的果皮，果形饱满
期望属性	采用绿色、生态、无公害的种植模式，满足用户对健康生活方式的期望
延伸属性	广西钦州作为"中国香蕉之乡"，其品牌本身就是品质的象征；坚持生物、物理防治措施，承诺无化学添加，符合环保理念

 课后习题

1. 图1-16所示为某充电宝的用户评价，请分析其体现了怎样的购物心理。

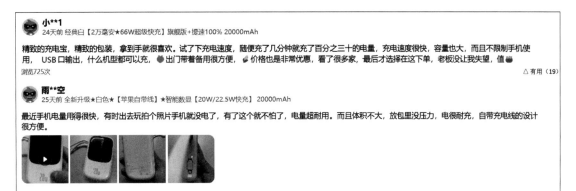

图 1-16 用户评价

2. 某网店的丑橘具有以下特点：种植于四川蒲江县，当地光照充足、空气湿润，昼夜温差大；果实较大，单果重120克左右，皮薄少籽，果肉饱满细腻，味道清甜，汁水充沛；含有丰富的维生素C、胡萝卜素、果胶、蛋白质、铁等多种营养成分，适合多类人群；引进先进科学技术种植，由专业人员管理，采用物理除虫，施用农家肥，使用天然山泉水灌溉，没有喷洒任何农药和催熟剂；基地采摘后直接发货，不新鲜或破损果包赔。请使用FAB法则为该网店的丑橘提炼卖点。

3. 请阅读以下合作推广的电商文案（见图1-17），并分析其写作特点。

（a）

（b）

图 1-17 合作推广的电商文案

项目 二
电商文案写作的整体构思

学习目标

【知识目标】

● 掌握电商文案写作的基本思路。

● 掌握电商文案写作的思维方法、创意方法。

【能力目标】

● 能够使用电商文案的思维方法构思文案。

● 能够使用电商文案创意方法生成文案创意。

【素养目标】

● 深刻认识到创新对国家发展、社会进步的意义，努力培养创新能力。

● 积极进行思维训练、学会反思，提升思维能力。

引导案例

某环保家居品牌计划通过电商平台，推出一款采用可持续材料制作的环保家具系列产品。该品牌的文案写作者首先将文案主题确定为"绿色居住，未来生活"，强调该商品对生活品质的提升。然后，为凸显主题，文案写作者打算采用理性客观的语言和数字强调家具使用的是可回收的原材料——竹材。在文案风格方面，文案写作者打算采用清新自然风，语言简洁明了，并融入生态元素，如"每一块木纹路，都是自然的低语，诉说着环保的故事"。最后，文案写作者按照以上构思完成了对整个文案的写作。

从这个案例可以看出，文案写作者在写作文案内容前，应在文案的构思上下功夫，需要在文案的主题、诉求方式、写作风格等方面进行宏观策划和部署。

▍任务一　电商文案写作的基本思路

【任务引入】

在完成对电商文案的前期准备工作后，很多文案写作者通常会根据自己收集的一些经典案例开始模仿写作。但电商文案写作并不是对字词的简单堆砌，还蕴含着一个完整的写作基本思路。对于文案写作者来说，掌握基本思路是电商文案写作的重要步骤。

【相关知识】

一、确定电商文案的主题

文案写作者在写作电商文案前需要知道，文案主题始终贯穿整个文案写作的过程，统筹文案策划和写作的方向。在信息爆炸的网络环境中，一个明确且吸引人的主题能够迅速吸引潜在用户的注意力，给用户留下深刻的印象。文案主题的确定有以下3种思路。

（一）与目标用户相关联

不同的用户会关注不同的话题，如果文案涉及用户关注的话题，就会非常容易引起他们的关注。例如，目标用户群体是学生，就可以选择与考试、就业、食堂等相关的主题；目标用户群体是成熟男性，就可以选择与职场、事业、婚姻等相关的主题。

户外生活品牌蕉下发布的文案"回户外"的部分内容如下。

所有微小的快乐

到了户外都会被放大

看起来真幼稚

玩起来真开心

在天地间吃东西

每一口都是自由的味道

在户外你能看得更远

人与人也会变得更近

户外之所以那么快乐

是因为走在山海之间

你的内心会不断提醒你

人不是去了户外

而是回到了户外

点评：该文案围绕"户外的快乐"这一主题，巧妙借助自然与户外活动的美好，触及品牌用户——都市白领群体渴望逃离快节奏生活、寻回生活乐趣、增进人际亲密关系及实现心灵自由的内在需求，唤醒他们对简单的快乐和自然归属感的记忆，从而构建品牌与用户间的情感桥梁。

（二）紧跟时事热点或趋势

关注当前社会、文化、经济、科技等领域的热门话题，利用它们的高关注度吸引用户。图2-1所示为盒马和QQ阅读在世界读书日联合发布的文案。

图2-1　世界读书日主题文案

点评：该文案紧跟世界读书日这一热点，并提炼出"读'蔬'人，一起开读吧"的主题。围绕该主题，文案将某一生鲜商品与某本书的书名结合起来，十分有趣，给用户留下了深刻的印象。

在筛选热点事件时，有以下3点注意事项。

◆**反应快：**要在第一时间利用热点事件进行文案的关联写作和编辑。

◆**挖掘话题：**选择的热点事件要能进行话题延伸，给予用户一些新的内容和信息，只有这样的文案才能刺激用户转发和传播，以凸显品牌或商品的价值。

◆**与品牌或商品相关联：**选择的热点事件应具备与文案推广的品牌或商品相关联的因素，这样才能起到宣传或推广的效果。

（三）挖掘情感共鸣点

深入探索人类共有的情感体验，如亲情、友情、爱情、梦想、挑战与成长等，创作能够触动人心的文案。情感共鸣可以跨越不同的用户群体，让用户在情感层面与品牌或商品建立联系，从而提高品牌忠诚度和记忆度。

二、选择电商文案的诉求方式

诉求指电商商家在通过文案向目标用户传递某种信息，以博取关注或引发共鸣，最终达到引导用户购物的目的过程中所使用的理由。表达诉求的方式从性质上分为理性诉求和感性诉求两种，后来又衍生出第3种——情理结合诉求。

（一）理性诉求

理性诉求指电商文案的诉求定位于用户的理智动机，真实、准确、公正地传达商家、企业、商品和服务的客观信息，使用户经过概念、判断、推论等思维过程，理智地做出判断和决定。以理性诉求方式写作的电商文案，侧重点在于展示商品的实际功能、价值等卖点，为用户营造具体的、实在的消费场景，让用户能够直接从文案中发现商品所带来的实际利益。图2-2所示的插线板电商文案使用的就是理性诉求方式。

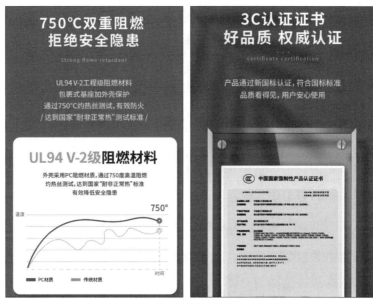

图2-2　使用理性诉求方式写作的电商文案

点评： 该文案分别通过介绍阻燃材料和展示3C认证证书证明插线板的安全性，旨在以充分的证据说服用户。

（二）感性诉求

感性诉求指电商文案的诉求定位于用户的情感动机，通过展示与商家、商品或服务相关的情绪和情感因素传达文案内容，从而触动用户的情绪，进而引起情感的共鸣，以此引导用户产生购买商品的欲望和行为。以感性诉求的方式写作的电商文案，侧重点在于通过创造人性化的内容拉近品牌与用户的心理距离，使用户与品牌之间建立情感联系，并对商家、商品或服务产生情感化的偏爱。利用感性诉求方式写作的电商文案以主观情感为主，通常有以下3种类型。

1. 爱的情感

爱是人类感情的基础，运用爱情、亲情、友情，甚至陌生人之间的温情交流等写作的文案，更能营造快乐、幸福、满足、温馨等容易感染用户的氛围，并引起用户共鸣。

图2-3所示为淘宝发布的一则名为"生日因你而快乐"的文案，讲述主角在生日时回忆起自己25岁、23岁、刚工作时、毕业那年，以及中学、小学，甚至一岁时的生日时刻。从同事相聚KTV庆生，到毕业时好友送出的珍贵礼物，再到中学时的生日庆祝等，该文案将每段生日的特别场景一一再现。短暂的回忆后，主角收到了淘宝平台及时送上的专属生日惊喜。

图2-3 感性诉求

点评： 该文案以主角不同年龄段的生日为线索，贯穿了各种情感，包括友情、亲情、爱情、同事情谊等。这些情感唤起人们对美好人际关系的向往与回忆，触发温暖与幸福感的情感共鸣。此时，淘宝的生日祝福将这些美好的情感与淘宝平台关联起来，表明淘宝也在陪伴主角，继而让用户对淘宝也产生好感。

2. 生活情趣

通过描绘或营造一种温馨、惬意、有趣或富有情调的生活场景，将商品融入理想生活的图景中，让商品成为美好生活的一部分，以激发目标用户的情感共鸣，如图2-4所示。

图2-4 展示生活情趣

点评： 图2-4所示为某大米的品牌文案，其文案内容是将品牌对生活的态度展现给用户。例如，"吃饭是重要的小事""你要好好吃饭"这样的文字，就在向用户传达一种认真生活的情趣，在引起用户共鸣的同时，也宣传和推广了品牌。

3. 自我个性

以个性化内容和风格，充分展示品牌或商品鲜明的自我观念与期许，包括个性、价值观念、自信、自豪、自我实现的感觉，如图2-5所示。

图 2-5 展示自我个性

点评： 图2-5所示为QQ音乐和T3出行联合发布的文案，文案"主角出场自带BGM""听我想听"凸显自我个性，展现新一代的自我主张，能够引起年轻人的共鸣。

（三）情理结合诉求

在电商文案的写作过程中，理性诉求的内容侧重于客观、准确、公正，较有说服力；感性诉求的内容则侧重于亲切、自然、生动，较有亲和力。如果将两者结合起来，电商文案就既能提供在理性分析用户后所获得的商家、商品和服务的实用性、功能性方面的信息内容，又能满足用户心理需求中的情感因素，从而使用户在精神和物质两方面都能得到满足。

以情理结合诉求方式写作的电商文案，通常采用理性诉求传达客观信息、感性诉求引发用户的情感共鸣的方法。其通常表现为主标题传递感性诉求，副标题传递理性诉求（也有相反的情况），如图2-6所示。

点评： 图2-6所示为某电商平台的商品促销文案，其文案主标题从情感方面传递商品的感性诉求，副标题则通过客观信息展示商品的理性诉求，将商品的特性、功能、实际利益与情感内容进行合理关联，能更容易获得用户的信任。

图 2-6 情理结合诉求

三、明确电商文案的写作风格

电商文案的写作风格指在写作电商文案时所采用的特定语言表达形式和情感基调。独特的文案写作风格可以反映品牌或商品的个性，有助于塑造和强化品牌形象，使品牌在众多竞争者中脱颖而出，形成差异化竞争优势。典型的电商文案写作风格有以下5种。

1. 幽默搞笑

运用诙谐幽默的语言，让文案变得轻松愉快，以吸引那些喜欢轻松氛围的用户，如图2-7所示。

图 2-7　幽默搞笑

点评： 该文案首先表示很忙，但下面的每一张图都描绘了十分荒谬的事情，如"在忙着把山竹一片片塞回去""在忙着织方便面"，这些纯粹的无意义劳动打破了常规思维，挑战了人们对"忙碌"的传统认知（忙碌往往与生产力、效率、目标相关联），正是这种反差制造了幽默感。

2. 严谨专业

强调数据、事实和专业术语，适合高科技商品或需要建立信任感的商品。例如，"采用纳米级过滤技术，经过300项严格检测，确保每一滴水纯净如初"。

3. 文艺小清新

运用富有诗意和想象力的语言，营造一种柔和、雅致的氛围，适合手工制品、自然环保商品等。例如，某品牌在春分时节发布了一则名为"出发，赴春之约"的文案，其部分内容如下。

她们走进茶山里

赶赴这次与春的会面

目光所及之处

全都舒展、支棱着

如约，抓住了春天到达的第一瞥生机

一年之际在于春

但生在茶田的人更懂得

明前春茶

胜过春风十里

仁风暗结珠

先春抽出黄金芽

喝上第一口明前春茶

是传统饮茶人骨子里的执念

点评：这段文案以细腻的笔触、诗意的语言、深厚的文化底蕴和对自然美的细腻捕捉，展现了典型的文艺小清新风格，引领用户进入一个静谧且充满生机的春日茶田，感受茶文化的魅力和春天的美好。

4. 奢华高端

通过精致、典雅的词汇，展现商品的高端定位和卓越品质，适合奢侈品、高端化妆品等。例如，"精选稀世宝石，每一颗均经由大师级工匠精心雕琢，【璀璨珠宝系列】不仅是一件配饰，更是永恒与优雅的传承。它在颈间轻盈闪烁，如同夜空中最亮的星，为您的每一个重要时刻增添无与伦比的光辉"。

5. 简洁明了

以直接、精练的方式传达信息，避免任何不必要的修饰，追求信息的高效传达，如"新升级，更强效。××洗衣液，深层清洁，一步到位。现在下单，立享8折"。

四、完成电商文案的整体构思

确定文案写作主题、诉求方式、写作风格后，文案写作者就可以完善文案的内容构思，确定文案写作整体流程的大致框架。完成文案内容构思的具体步骤如下。

（1）搜集相关资料和信息，了解相关背景和商品特点，为文案写作提供参考依据。

（2）列出关键词和重点句子，以便后续思考和文案组织。

（3）制订一个明晰的文案写作计划，包括文案的主题、段落分布、字数限制等内容。

（4）搭建文案的大致框架，再逐步添加细节和案例来支持与阐述文案主题。

（5）需多次修改和润色，以确保文案连贯、通顺、简洁明了，符合品牌形象和文化。

（6）审查和校对文案，修改语法、拼写和标点符号等错误。

任务二 电商文案写作的思维方法

【任务引入】

电商文案写作需要激发文案写作者的创造力，这样才能写出条理清晰、融入性更好的创意性文案，以吸引更多用户的目光，从而获得更大的收益。而创造力又与思维方式有直接关系。运用不同的写作思维写出不同角度的文案，不仅可以实现创新，为文案增添亮点，还可以锻炼文案写作者的思维能力，从而提高其文案写作水平。

【相关知识】

一、发散思维和收敛思维

从根本上看，电商文案的创意不仅源自想象力，还取决于思维方向的灵活性。而运用好发散思维和收敛思维，能帮助文案写作者创作优秀的电商文案。

（一）发散思维

发散思维亦称扩散思维、辐射思维，指在解决问题的思考过程中，从已有信息出发，尽可能地向各个方向扩展，并且不受已知或现存的方式、方法、规则和范畴的约束，从扩散、辐射和求异式的思考中，找到多种不同的解决办法，衍生各种不同的新设想、答案或方法的思维方式。

进行发散思维需要有充足的想象力。以曲别针为例展开想象，一般从其作用出发，会想到装订书页、当别针、做书签、别衣服。而运用发散思维进行联想，它还可以用来当手机支架、钥匙扣、临时鱼钩、别在两个拉链之间防裂开、挂日历、挂窗帘、做挂钩、晾衣绳、做装饰等。此外，也可从其材质进行分析，加工可制成弹簧，加硫酸可制成氢气等。

在电商文案写作中，发散思维可以运用于多维度挖掘商品特性，如一个保温杯不仅可以从保温性能出发，还可以考虑其设计美学、携带便捷性、材质环保性、情感寓意等方面，从而创造多样化的文案角度。

（二）收敛思维

收敛思维又称求同思维、集中思维、辐集思维和聚合思维，指从已知信息中产生逻辑结论，从现有资料中寻求正确答案的一种有方向、有条理的思维方式。收敛思维与发散思维正好相反，是一种异中求同、由外向里的思维方式。

在写作电商文案时，文案写作者需要运用收敛思维在众多的商品信息里找出关键点，然后"对症下药"，有针对性地写作，即找到商品的核心卖点。例如，某面向差旅人士的折叠水杯由食品级硅胶制成，安全无毒、耐高温、可折叠压缩至小巧体积，方便携带；附带密封盖，多种颜色可选，既实用又时尚。使用收敛思维从这些信息中提炼出核心的卖点——便携，以锁定目标用户的关键需求。

此外，文案写作者可以通过收敛思维组织文案结构，让每一段落都紧扣主题，并确保逻辑清晰、层次分明；使用收敛思维斟酌文案，去除多余的修饰语和复杂的表述。

素养提升

文案写作者要努力提升自己的思维能力，具体可以使用脑力激荡、随机词联想等方法进行创造性思维训练，以激发新奇的创意和联想。同时，应该学会质疑和分析信息，培养批判性思维。在阅读或接受信息时，还要主动思考其背后的逻辑、证据和偏见，这有助于文案写作者在文案创作中更加客观、理性地传达信息。

二、顺向思维和逆向思维

除发散思维和收敛思维外，常用的电商文案写作思维还有顺向思维和逆向思维。

（一）顺向思维

顺向思维就是常规的、传统的思维方法，指人们按照传统的从上到下、从小到大、从左到右、从前到后、从低到高等常规序列方向进行思考的思维方法。将顺向思维应用到文案中，能给人因果关系明确、有理有据之感。顺向思维在电商文案写作中有以下应用。

1. 叙述卖点与利益点

直接从商品的具体卖点出发，按照逻辑推导出这些卖点如何转化为对用户有利的利益点，如图2-8所示。

图 2-8 顺向思维

点评： 该文案首先叙述的是手机大容量电池、续航久的卖点，然后表明该卖点可以给用户带来的利益点：出门一整天都不用担心手机没电。

2. 步骤指导与使用场景

采用顺向思维写作使用步骤或场景描述，从商品的初始接触至最终体验，一步步引导用户理解商品的使用过程及其带来的便利或享受。例如，详细描述护肤品的使用顺序，强调在每一步中该如何改善肌肤。

3. 逻辑递进的说服过程

文案逐步展开论述，从最基本的商品信息开始，逐步引入更深层次的价值主张，如品质保障、品牌故事等，使用户在逻辑推演的过程中逐渐对商品产生认同。

（二）逆向思维

顺向思维虽然逻辑清晰，但也有其局限性，毕竟人们对其已经习以为常，难以产生新的刺激与惊喜。在这种情况下，就可以使用逆向思维。

逆向思维也叫求异思维，指反向思考人们已有定论的或已有某种思考习惯的事物或观点的思维方式。逆向思维敢于"反其道而思之"，让思维向对立的方向发展，从问题的相反面进行探索，从而找出新创意与新想法。使用逆向思维写作的文案，会带给用户眼前一亮之感。

例如，某服装品牌发布的文案使用逆向思维，其内容如下。

在这个快时尚泛滥的时代，我们却选择了慢下来，与您一起，逆流而上。当世界告诉你"要站在舞台中央"，我们却轻声说："回到内心深处，那里有你最真实的风格。"

我们相信，好的时尚，不在于追随，而在于发现。每一件衣物，都藏着一个故事，等待与你共鸣的瞬间。这不是一场外在的竞赛，而是内在的觉醒——你，本就独特。

反转潮流，从一件衣服开始。不追逐，只选择；不迎合，只倾听内心的声音。在这个秋天，和我们一起，穿上这份自信与自在，让时尚不再是别人的定义，而是你的选择。

点评： 这则文案通过反对"穿衣为他人看"的观念，转而倡导"为取悦自己而穿"的新理念，鼓励用户从内在出发，寻找真正属于自己的风格，而非盲目追随潮流。这样的逆向思维不仅让文案显得与众不同，也更易触动那些寻求个性表达、厌倦同质化消费的用户群体。

任务三 电商文案写作的创意方法

【任务引入】

在信息爆炸的互联网时代，有创意的文案能快速吸引用户的注意力，使其从众多信息中脱颖而出。然而创意并非从天而降的，文案写作者可以借助一些科学的方法生成创意。

【相关知识】

一、元素组合法

　　元素组合法是通过将看似不相关的元素或概念巧妙结合，创造新颖、独特且吸引人的文案内容的创意方法。这种方法鼓励文案写作者跳出传统思维框架，利用创意联想，将商品的特性、卖点与情感、场景、文化符号或其他元素进行融合，从而提升文案的趣味性和记忆点。

　　例如，某款智能空气净化器的商品特性包括：高效过滤PM2.5、除菌、智能感应调节、静音运行、现代简约设计。使用元素组合法为其写作文案，可以将自然元素与科技功能进行组合，内容如下。

　　"森林之息，藏于方寸之间 —— 智能空气净化器，让家的每一次呼吸，都如漫步清晨林间，清新自然，科技守护您与家人的每一次深呼吸。"

　　点评： 该文案将自然界的"森林气息"与空气净化器的科技净化功能结合，创造了一种清新、健康的居家环境意象，从而引发用户对自然、健康生活的向往。

　　在使用元素组合法时，可以探索商品特性与元素之间的共通点，即使是表面上看起来毫不相关的两个事物，也可以找到内在的联系。例如，某高端无线蓝牙耳机与咖啡文化之间存在的联系：二者都能提供一种高品质、令人沉醉的感官享受。此外，应确保组合后的文案能够触动人心，与目标用户的某项情感需求或生活经历相关，从而使其产生共鸣。

二、头脑风暴法

　　头脑风暴法是电商文案写作过程中十分有效和常用的创意方法，是一种创造能力的集体训练法，鼓励人们打破常规思维，无拘无束地思考问题，从而在短时间内批量生产灵感。在头脑风暴过程中，能通过集体讨论激发人的想象、热情及竞争意识，从而发挥创造性的思维能力，这有助于思考、讨论与文案主题相关的关键词、文案写作的风格或在文案中搭建具体化的使用场景等。在电商文案写作中，头脑风暴法的应用可以分为以下3个阶段。

（一）准备阶段

准备阶段需要完成以下工作。

◆ **明确目标：** 清楚地界定本次头脑风暴的目标，如确定某个特定商品系列推广文案的主题、创意等。

◆ **组建团队：** 选择跨部门、具有多样背景的团队成员参与，包括文案、设计、商品、市场等，多元视角有助于提升创意的丰富性。

◆ **设定规则：** 营造无限制的创意环境，任何想法都值得提出，禁止即时批评，鼓励积极正面的反馈，以激发更多灵感的产生。

（二）开展阶段

在这个阶段，首先，集体讨论的主持人要给出明确的引导问题或主题，如"如何通过文案展现这款智能手表的未来感"或"怎样用一句话吸引年轻妈妈购买我们的婴儿护肤品"。

然后，在限定时间内，团队成员采用轮流发言或自由发言的方式，快速提出所有能想到的想法，无论多么离奇或传统的想法都应被记录下来。

接下来，主持人可以鼓励成员联想和扩展他们提出的想法，如通过"如果……将会怎样？""那么，接下来……"等开放式问题，进一步深化和细化创意。

最后，合并相似或相关的想法，筛选最具潜力的创意，集体讨论如何优化这些创意，使其更贴合目标和品牌调性。

（三）总结阶段

在总结阶段，需要根据创意的新颖性、可行性、与目标的契合度等标准评估所有创意，选择最有潜力的几个创意，然后进一步细化选定的创意，确定文案草稿，考虑视觉设计、渠道投放等执行层面的规划。

三、九宫格思考法

九宫格思考法，又称"思维导图九宫格"或"曼陀罗思考法"，是一种图形化的思维组织工具，特别适合对电商文案的创意构思。这种方法是将一个中心主题置于九宫格的中心，围绕它展开八个方向的关联思考，帮助文案写作者系统地发散和收敛思路，深入挖掘商品的多维度特点和潜在卖点。

九宫格思考法的具体方法如下。

◆ **步骤1：** 拿一张白纸，先画一个正方形，然后用笔将其划分为九宫格，将设定的主题（商品名等）写在正中间的格子内。

◆ **步骤2：** 将与主题相关的联想写在旁边的8个格子内，尽量用直觉思考，不刻意寻求"正确"答案。既可以按照顺时针方向把所想到的要点填进方格中，也可以将要点填进任意一格，而不用考虑这些要点之间的关系。尽量扩充8个格子的内容，如果8个方格填不满，就需要拓宽思维；如果8个方格不够填，则可以多填两张九宫格，再去粗取精，将其整理成一张表格。

◆**步骤3：** 在填完九宫格后，文案写作者还需要检查这些要点是否是必要的，是否需要删去一些。如果发现要点重复，或者要点表述不够明确，还需要重新修改，直到满意为止。九宫格每一个空格中的要点都可以进一步细分，继续创造另一张九宫格。通过不断扩展，可以得到更为细致的文案内容。

例如，某有机果蔬品牌文案写作者打算写作与"自然生态"有关的文案，需要确定写作切入点，现使用九宫格思考法生成创意，结果如图2-9所示。

森林氧吧	四季变换	生态农业
山川湖泊	自然生态	户外探险
野生动植物	可持续生活	自然教育

图 2-9 九宫格思考法生成的创意

四、五步创意法

五步创意法是由美国广告大师詹姆斯·韦伯·扬创造的。顾名思义，文案创意分为5个步骤。

◆**收集原始资料：** 原始资料分为一般资料和特定资料。一般资料指人们日常生活中所见、所闻的令人感兴趣的事实；特定资料是与商品或服务有关的各种资料。要想获得有效的、理想的创意，原始资料就必须丰富。

◆**内心消化的过程：** 这一步需要文案写作者思考和检查原始资料并理解所收集的资料，将其转化为自己对文案内容的创意储备。

◆**放弃拼图，放松自己：** 这一步不需要文案写作者思考任何有关问题，只需顺其自然。简而言之，就是将问题置于潜意识之中。

◆**创意出现：** 如果上述3个步骤，文案写作者都认真踏实、尽心尽力执行了，那么第4步就会自然而然地出现。这是因为创意时常会在毫无预兆的情况下突然闪现。换言之，创意往往是在竭尽心力、停止有意识的思考后，经过一段时间的休息与放松后出现的。

◆**修正创意：** 一个新的构想不一定很成熟、很完善，它通常需要经过加工或改造才能适合现实的情况。文案写作者需要评价和修改已完成的创意，使之更具针对性。

五、金字塔原理法

一般来说，文案写作者在思考文案创意时容易出现思路散乱的情况，这时就需要梳理思路，让文案的思路更加清楚、条理更加清晰。

（一）金字塔原理法的含义

金字塔原理法是一项层次性、结构化的思考、沟通技术，可以用于结构化的写作过程。金字塔原理是对写作思想的逻辑阐述，其结构既体现了纵向的关系，也包含了横向的关系，还可以是从上往下的结构层次关系，也可以是论点与论据之间的关系 —— 一个主题有几个论点支撑，每个论点下有支撑它的多个论据，就这样一层层形成一个金字塔结构。这样的结构有利于文案写作者快速明白并找准文案的主题和中心论点。

每一篇文案都有其独特的主题，针对某一主题设下论点，论点下又有论据进行层层支持，使论点有理有据、不可反驳。这种金字塔原理结构图如图2-10所示。

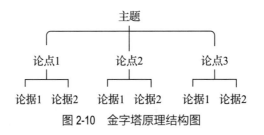

图 2-10　金字塔原理结构图

（二）金字塔原理法的运用

文案写作者在明确文案主题后，可以通过金字塔原理结构图梳理能体现主题的各个论点，再列出支撑各论点的论据，使结构明朗清晰。以一款羽绒服为例，梳理其金字塔结构。其主题是"保暖又时尚"，论点1是"属性"，论点2是"设计"，论点3是"材质"，再分别根据各论点列出其论据。以论点2"设计"为例，其论据可以是"可拆卸帽子""立领设计"等。在这样的结构中，要求论点之间的内容不能重复，论据之间的关系各自独立。

项目实训

实训一　运用九宫格思考法生成饮品文案创意

【实训背景】

某饮品品牌打算在夏季推出一款柠檬薄荷汽水，主打低糖配方和清爽口感，目标用户是年轻人。该品牌打算写作一句简短的文案进行推广，需要确定写作切入点。

【实训要求】

（1）运用九宫格思考法为该品牌推广柠檬薄荷汽水的文案生成创意，并罗列多个写作切入点。

（2）选择一个创意点，以其为基础形成创意，写作简短文案。

【实训步骤】

（1）在纸上绘制九宫格，在中心格子填写"柠檬薄荷汽水"作为主题。填充其余格子，每个格子代表一个与商品相关的创意方向。生成的创意如图2-11所示。

清爽夏日	气泡上升	消暑解渴
柠檬果园	柠檬薄荷汽水	海滩派对
青春活力	朋友聚会	薄荷清凉感

图 2-11　运用九宫格思考法生成的创意

（2）修改九宫格。经过反复思考，决定将"海滩派对"与"朋友聚会"合并为"夏日海滩派对"，并新增"清新早晨"作为另一个创意点。

（3）输出创意文案

从优化后的创意点中选择"清新早晨"作为创意切入点，将早晨的清新感与饮品相结合，构思创意文案："清晨起床，一口柠檬薄荷汽水，唤醒一天的清新活力。"这句文案既体现了饮品的清新口感，又结合清晨的美好时刻，唤醒了用户的感官体验，传递了开始美好一天的信息。

实训二　运用元素组合法生成智能手环广告概念

【实训背景】

近期，某品牌推出了一款集健康监测、运动辅助、信息提醒、时尚设计等功能于一体的全新智能手环，旨在进一步扩大品牌的市场影响力，吸引更多追求生活品质的年轻用户。该品牌打算为即将上市的智能手环设计一个创意广告文案，以提升品牌知名度、强化品牌形象，进一步促进商品销售。

【实训要求】

（1）深入分析智能手环的商品特性和目标消费用户的需求，提取至少3个不同的创意元素组合方向。

（2）选择一个最能引起共鸣的元素组合方案，确保该方案能够充分展现商品的独特卖点及品牌价值观。

（3）围绕选定的元素组合方案，构思一个富有感染力的故事框架。通过情感化的故事叙述，将商品功能与用户的生活场景进行紧密结合，传达出品牌所倡导的健康、科技、时尚的生活方式。

【实训步骤】

（1）运用元素组合法生成创意。运用元素组合法，要将两个或多个不同的元素进行组合。对于本实训中的智能手环而言，可以形成的组合很多，包括以下3种。

◆ **科技与自然共生：**智能技术（未来感、高效）与自然元素（放松、平衡）的融合，展示智能手环如何帮助用户在快节奏的生活中寻找自然和谐。

◆ **健康管理与时尚生活：**健康监测功能（实用、关怀）与时尚设计（潮流、个性化）的结合，打造既关注健康又彰显个性的配饰理念。

◆ **历史时间观念与现代科技：**古代计时器（如日晷，象征时间的沉稳与智慧）与现代智能手环的时间管理功能（高效、智能）相结合，展现时间管理的新旧交融。

（2）选择组合方式。在上述创意点中，可以选择"健康管理与时尚生活"的组合方式。此组合不仅体现了智能手环的基本功能——健康管理，同时突出了它作为时尚配饰的角色，满足现代人在追求健康的同时对时尚与个性表达的需求。

（3）形成创意。根据该组合方式，生成广告创意核心：在一个充满活力的城市背景中，智能手环成为连接工作与休闲、健康与时尚的桥梁。智能手环不仅是记录步数、监测心率的工具，更是一种生活态度的表达，让用户在繁忙的都市生活中依然保持自我风格，健康而不失风度。

（4）构思故事框架。故事围绕一位都市白领的生活展开，具体内容如下。

早晨，都市白领李明戴上新买的智能手环，它的设计简约而不失精致，低调地融入了他的整体造型。工作中，手环定时震动提醒李明休息眼睛、伸展四肢，帮助他保持良好的状态。

下午会议，手环静音接收信息，避免会议中的响铃尴尬。会间小憩，同事夸赞手环外观时尚，李明顺势介绍其智能提醒功能，引发了小范围讨论。

晚上与朋友聚餐，手环的个性化表盘吸引了朋友的注意，李明分享了手环是如何根据个人情况推荐运动、平衡工作与健康的。这一聊，顿时让手环成为社交小亮点。

夜深以后，手环监测到李明的生理指标显示疲劳，温馨提醒他应当休息。李明按时就寝，感激手环在繁忙生活中给予的健康指引。

 课后习题

1. 运用发散思维，对"玫瑰花"一词展开联想。

2. 现有一款水果坚果麦片，商品信息如下。

该麦片混合多种水果干、坚果，营养丰富；一餐热量低于一根香蕉；冲泡一分钟即可食用；吃法丰富，可干吃、拌酸奶、泡牛奶等；零添加剂，糖尿病患者也可放心食用。

现需要为该商品写作电商文案，请使用九宫格思考法为文案确定写作切入点。

3. 某家电品牌打算写作文案推广空气炸锅，需要确定写作切入点，请组织10名左右同学，通过头脑风暴法生成创意。

4. 图2-12所示的文案分别采用了不同的诉求方式，请对其进行具体分析。

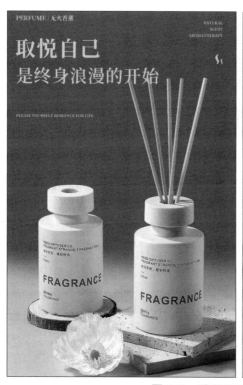

图2-12 采用不同诉求方式的文案

项目 二

电商文案的写作方法

学习目标

【知识目标】

● 掌握电商文案标题的写作方法。

● 掌握电商文案正文的写作方法。

【能力目标】

● 能够写作有吸引力的电商文案标题。

● 能够写作结构清晰完整、有吸引力、能打动用户的电商文案正文。

【素养目标】

● 在写作电商文案时，坚持输出正面、积极向上的内容，避开争议大、有违社会公序良俗的话题。

● 学会站在他人立场思考，积极培养自身的共情能力。

引导案例

某茶叶网店写作了一篇电商文案用于推广新上市的绿茶。该文案的标题为"春醒时分，一缕茗香唤醒味蕾——晨露春茶，新鲜采摘，只为懂茶的你！"，介绍了绿茶的特点，让用户一眼就能了解文案的主题。文案正文开头简短地勾勒了春茶采摘的美好愿景，中间分别介绍了春茶的鲜嫩、手工采摘的匠心及环保包装等卖点，结尾以优惠活动促使用户下单。该文案发布后，获得了不错的反响，该款绿茶的销量也有明显增长。

由此可见，优秀的电商文案对于提高商品销量具有重要作用。而要写出能吸引用户、促使用户下单购买的电商文案，文案写作者就必须系统地掌握电商文案的写作方法。

任务一 电商文案标题的写作

【任务引入】

在信息泛滥的时代，用户的注意力成了极其宝贵的资源，很多用户仅凭文案的标题就能迅速决定是否继续浏览，一个吸引人的文案标题的重要性不言而喻。

【相关知识】

一、电商文案标题的作用

电商文案标题的作用主要体现在以下3个方面。

◆**吸引注意：** 在信息海量的网络环境中，一个醒目、独特的标题能够迅速吸引用户的注意力，让他们在快速浏览页面的过程中被吸引，从而增加点击率。通过情感共鸣、激发好奇、需求唤醒或利益诱惑等方式，激发用户的兴趣，促使他们产生进一步了解商品详情的欲望。

◆**传达核心信息：** 标题需简练地概括商品的核心卖点或优势，快速传递关键信息，使用户迅速明白商品的价值。

◆**筛选用户：** 明确的标题有助于筛选目标用户，让真正对该商品感兴趣的用户点击进入，从而提高转化效率，避免无关流量浪费。

图3-1所示为某款女鞋的电商文案标题。

图 3-1 某款女鞋的电商文案标题

点评： 该文案标题通过醒目的文字点明商品的核心卖点是"轻薄透气"，不仅能吸引关注，还让用户明白商品的价值。而"妈妈夏日专属"有助于筛选文案用户，即想要为母亲购买鞋的年轻人，激发他们的孝心，促使其对商品产生兴趣。

二、电商文案标题的常见类型

一个富有吸引力的标题能够瞬间吸引用户的注意力，促使他们点击并查看文案。要想写出有吸引力的电商文案标题，文案写作者需要掌握以下7种类型。

（一）宣事式标题

宣事式标题也叫直言式标题，其特点是将电商文案的内容要点简要地展示给用户，让用户一目了然。这种类型的标题通常会直接点明文案营销推广的意图，告知用户商品卖点、消费后会获得的利益或服务等，如图3-2所示。

小米SU7 正式上市！售价21.59万元起
小米手机 2024-03-28 22:18 北京

图 3-2　宣事式标题

点评： 该标题直接说明了新品上市一事，并标明售价，让人能够迅速抓住重点。

以下为宣事式标题的常见示例。

夏日特惠！空调冰点价，直降1000元，清凉一夏！

双十一 呢子大衣买二送一！

焕新季大促，家居套装组合购，满500元减200元，家的温馨升级！

99元即购价值12800元超值学习大礼包

运动达人的福音！轻盈跑鞋，专为长跑设计，首周8折优惠！

滴，学生卡！专享6折优惠上线

（二）号召式标题

号召式标题通常表现为文案写作者以劝勉、叮咛和希望等口气，使用带有鼓动性的词句写作标题，让用户认同文案内容，号召和劝服用户迅速做出购买决定，如图3-3所示。

@所有人，进来免费领【12桶酸辣粉】，没看错，12桶！
白象食品官微 2023-11-17 08:30 广东

图 3-3　号召式标题

点评： 该标题直接号召用户点击查看文案并参与免费领酸辣粉活动，以激发用户的参与热情。

以下为号召式标题的常见示例。

立即行动！前100名注册用户免费领取高端护肤试用装！

别错过！最后24小时，全场任意两件8折，抓紧时间选购！

加入我们，一起改变世界！环保购物袋，每购买一个，就为地球种一棵树！

给孩子一个多彩童年，儿童乐园家庭套票，三人同行一人免单！

为生活加点甜，手工巧克力惊喜折扣等你来，让每一刻都值得庆祝！

（三）新闻式标题

新闻式标题也称为消息式标题，即通过模仿新闻的形式，增加文案的可信度和吸引力，适用于新品发布、重大事件，或有明确时间性、新闻价值的商品宣传，如图3-4所示。新闻式标题通常直接陈述事实或最新动态，强调信息的真实性和时效性，较为正式和客观。这类标题用简短有力的语言传达核心信息，包含"新品上市""全新发现"等新闻常用的词汇或短语。

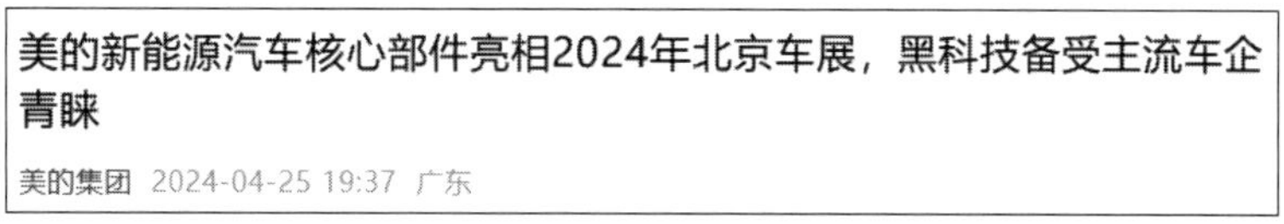

美的新能源汽车核心部件亮相2024年北京车展，黑科技备受主流车企青睐

美的集团 2024-04-25 19:37 广东

图3-4　新闻式标题

点评： 该标题包含事件（美的新能源汽车核心部件亮相2024年北京车展）、时间、地点和主要参与者等关键信息，"黑科技备受主流车企青睐"是对事件的进一步描述。整个标题传达了美的品牌的最新动态，彰显了品牌实力。

以下为新闻式标题的常见示例。

××公司2024年推出环保系列："绿色希望"商品线，承诺100%可回收包装

××冬季限定：2025年"北极光"系列饮品璀璨登场，点亮冬日味蕾

××Model 曝光：2026年面世，续航破××公里，重新定义电动汽车新标杆

××春夏时装周揭秘：2024年"未来复古"系列引潮流风暴

（四）颂扬式标题

颂扬式标题旨在通过对商品、服务、人物或事件的正面评价和高度赞扬，激发用户的兴趣。这类标题通常使用富有情感色彩和鼓舞性的语言，强调卓越成就、独特价值或非凡影响，如图3-5所示。

11.8 元包邮的防晒口罩，居然也这么好用？！

能省会花的　生活研究 2024-05-31 11:58 浙江

图3-5　颂扬式标题

点评： 该标题不仅使用"这么好用"颂扬商品性能，而且使用数字"11.8元"强调商品价格，以突出商品的性价比，转折词"居然也"可制造惊喜的感觉。

> **小提示** 写作颂扬式标题时要注意称赞的尺度，如果出现浮夸无度、虚假的情况，可能会造成用户的逆反心理，甚至会违反相关法律规定。

以下为颂扬式标题的常见示例。

××保温杯，温暖从早到晚，陪伴每一天

××跑鞋，舒适缓震，让跑步更享受

××学习软件，孩子学习好帮手，家长更放心

实惠好用，××清洁剂，让家里干净又省心

（五）提问式标题

提问式标题通过提出问题引起用户的关注，从而促使目标用户产生兴趣，进而继续阅读以寻找答案或获取更多信息。简单来说，提出的问题必须能够启发用户思考、引起用户共鸣，或者让用户有寻找答案的欲望，如图3-6所示。

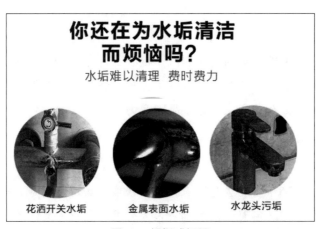

图3-6 提问式标题

点评： 该标题首先提出问题"你还在为水垢清洁而烦恼吗？"以吸引被该问题困扰的用户的关注，接着通过强调"水垢难以清理 费时费力"引起用户的共鸣，引导用户思考如何解决该问题，并进一步阅读下面的内容。

提问式标题具体表现为以下6种。

◆ **假设性提问：** 引入一种假设情景，激发用户对可能的解决方案的好奇心。例如："假如有一种方法能让学习效率翻倍，你会尝试吗？"

◆ **挑战式提问：** 对用户的既有认知发起挑战，刺激其求知欲和探索欲。例如："认为自己已经是咖啡行家？这5种稀有豆种你尝过吗？"

◆**解决方案式提问：**在提出问题的同时暗示有解决之道，以吸引想要寻求帮助的用户。例如："面对压力巨大的工作与生活，你找到放松的秘诀了吗？"

◆**未来导向提问：**引导用户思考未来趋势，对即将发生的变化产生好奇。例如："未来的教育会怎样改变我们的孩子？快来一探究竟！"

◆**个人化提问：**使用"你"字开头，使问题更加个人化，增强针对性和共鸣。例如："你是否知道自己的饮食习惯正悄悄影响健康？"

◆**愿望实现式提问：**触及用户的梦想或愿望，提供实现的可能性。例如："梦想拥有一个智能便捷的家？××智能家居帮你实现。"

（六）悬念式标题

悬念式标题指在标题中故意留下悬念或设置谜题，不直接揭示全部信息，而是激发用户的好奇心和探索欲，促使他们点击阅读以揭开谜底或获取更多信息的一种标题类型，如图3-7所示。这种标题类型能够有效提高内容的吸引力和点击率。

让人一吃就上瘾的小吃，香甜软糯，每粒都像在吃玉米味的QQ糖！

点击右边蓝字关注　小V吃货团　2024-04-25 20:00　广东

图3-7　悬念式标题

点评：该标题十分生动地描述了一种口感诱人的小吃，将其比作玉米味的QQ糖，却隐藏了小吃的名称，通过制造悬念让被小吃勾起食欲的用户急于寻求小吃名称，进而点击查看文案。

悬念式标题的关键在于找到能够引发用户广泛兴趣的"悬念点"，并将其巧妙地设置在标题中，既不过分夸张以至于显得不可信，也不至于因泄露太多信息而失去吸引力。

以下为悬念式标题的常见示例。

2024年超火的旅游目的地，竟然是这里？

不为人知的减肥秘诀，医生都不一定告诉你！

明天头条，全城热议的神秘嘉宾究竟是谁？

揭秘：一个习惯，如何改变了他的人生轨迹？

他们都说这本书能改变命运，是真的吗？

（七）警告式标题

警告式标题通过一种严肃、警示、震慑的语气说明内容，以起到提醒、警告作用，常用于关于事物的特征、功能、作用等属性的内容写作，如图3-8所示。警告式标题可以给予具有相同症状或心里有某种担忧的用户强烈的心理暗示，引起他们内心的共鸣。警告式标题要在陈述某一事实的基础上，以发人深省的内容、严肃深沉的语气给用户暗示，使用户产生一种危机感，进而点击标题。

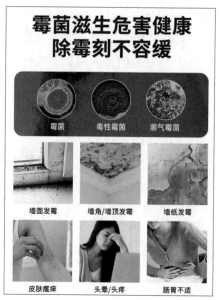

图 3-8　警告式标题

点评：该标题以郑重的口吻提醒用户霉菌的危害性，引起了受到困扰的用户的警觉和担心，进而查看下面的具体介绍。

以下为警告式标题的常见示例。

远离负能量博主，不要让他们毁掉你的进取心

新房甲醛重，可能会影响人们健康。"别让新房变成'毒气房'！"

不要再买这个菜了！因为它致癌

发霉的菜板一定不能用，否则很危险

用酒精擦屏幕的要小心了！否则你的屏幕将变成这样

三、电商文案标题的写作技巧

除掌握标题的不同类型外，文案写作者还应熟悉一些有利于提高标题吸引力和点击率的技巧，将其融入标题写作中，使标题写作达到事半功倍的效果。

（一）借力借势

借力指利用他人（如政府、专家、社会潮流人士或新闻媒体）的资源或平台，推广营销自己的商品或服务，以达到快速销售自身品牌的目的，如"××（某名人）同款！××洗发水，品质值得信赖""行业专家力荐，这款商品不容错过！"

借势指借助最新的热门事件、时事新闻热点、体育赛事、传统节假日/节气等，以此为文案标题创作源头，通过大众对社会热点的关注引导用户关注文案，从而提高文案的点击率和转载率，如图3-9所示。借助热点写作标题时，一定要注意将热点与文案主题合理地联系起来，避免因过度"蹭"热点而引起用户反感。

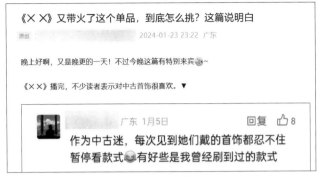

图 3-9　借势

点评： 该标题借助某热播电视剧的热度吸引用户关注，并通过剧中人物佩戴首饰这个要点，很好地将其与自己所推荐的商品进行了关联，显得较为自然。

素养提升

　　在创作文案标题时，应选择那些能够积极反映品牌价值观和社会正能量的热点议题，如科技进步、公益行动、环境保护或人文关怀等。需注意避开敏感、违背公序良俗的事件，以避免对品牌造成负面影响，同时维护良好的网络环境。

（二）使用数字

　　在撰写文案标题时，使用数字是一种有效的技巧，能够立即吸引用户的注意力。数字具有简单、直接、精确、直观的特点，能将模糊的信息具体化，给人信息含量更丰富、专业度更高及理性思考的感觉，可以增加文案标题的可信度。此外，数字的辨识度很高，能抓住用户的眼球，特别是总结性的数量、销量、折扣、时间、排名等数据。使用数字往往比文字更容易表达让人震撼的效果，也更容易让人记住，如图3-10所示。

> **10个简单易上手的PPT接单赚钱渠道，助你每个月多赚2000元！**
> 秋叶PPT　2024-04-27 08:18　湖北

图 3-10　使用数字的文案标题

点评： 该标题中的"10个"和"2000元"十分直观，"10个"表明接单渠道很多，"2000元"表明收入是具体、可量化的，可以增强信息的可信度，从而吸引那些希望增加收入的用户。

以下为使用数字的标题示例。

减重秘籍：7日饮食计划，轻松减掉5公斤

时间不够用？试试这5分钟早晨例行公事，全天效率翻倍

10年来，畅销世界的100本高分好书

走遍世界：一张机票，30天环游欧洲不可错过的10个城市

（三）使用谐音

使用谐音是文案标题创作中的一种趣味性技巧，通过巧妙的文字游戏，可以利用词语的发音相似性，创造双关语或幽默效果，以吸引用户的注意力并激发其阅读兴趣。这种方法能够使标题更加生动有趣且易于记忆，同时在轻松愉快的氛围中传达信息。

在使用谐音技巧时应注意以下4点。

◆ **确保易懂且恰当：**谐音需确保大多数目标用户能够理解，要避免使用过于生僻或地域性强的谐音，以免造成误解。

◆ **贴合主题：**谐音的运用应紧密围绕文案的核心信息，增强而非分散主题，以确保内容的相关性和一致性。

◆ **适度使用：**过多的谐音可能会让标题显得过于花哨，影响信息的清晰传达。只有恰到好处的运用，才能达到最佳的吸引与说服效果。

◆ **考虑文化背景：**注意谐音在不同文化、语境下的接受度和含义，避免在无意中触犯文化禁忌或造成不良影响。

图3-11所示为两个品牌发布的文案，其标题都运用了谐音。

图 3-11 运用谐音的文案标题

点评：图3-11左图为白象品牌的文案，"欣欣象荣"的"象"是"向"的谐音，之所以用"象"取代"向"，是因为"象"源自品牌名称"白象"，也就是将品牌名称融入成语中，并保留原成语的积极意义，暗示白象品牌正在蓬勃生长；图3-11右图为洽洽品牌文案，"洽好踏春去"同样是用品牌名称中的"洽"取代了与其谐音的"恰"，巧妙地呼应了品牌。

（四）使用修辞

在文案标题写作中巧妙地运用修辞手法，可以极大地增强语言的表现力和吸引力，使标题更加生动有趣、引人入胜。下面介绍一些常见的修辞方式。

- ◆**比喻：**将某一事物比作另一具有相似之处的事物，包括明喻、暗喻、借喻、倒喻、反喻和隐喻等多种方式。例如，"男人的人生像一把刀，要有所斩获""做人就像剃须，进退都要拿捏好分寸"。
- ◆**象征：**用具体的形象代替抽象的概念或思想情感。例如，"家是放心的地方""父母的爱是全世界销量很高的暖宝宝"。
- ◆**双关：**在特定的语言环境中，利用词语的同音或多义的条件，使词或句子产生双重意义。例如，"你的钱，我包了""焕然一新，从头开始"。
- ◆**拟人：**把商品人格化。例如，"三毫米的旅程，一颗好葡萄要走十年""××沙发，在下班后给你一个最温暖的拥抱"。
- ◆**夸张：**通过扩大或缩小事物的形象、特点、功效的方式，进行必要的艺术渲染，强调或突出商品的本质特性。例如，"一步跨入天堂：探索地球上最后的秘境，美得令人窒息！""你只来了一下子，却改变了我一辈子"。
- ◆**对偶：**将字数相同、结构相同或相近，意义相近、相关或相反的一对句子排列在一起，来表达两个相近或相对应的意思。例如，"我不是天生强大，我只是天生要强""输不丢人，怕才丢人"。

四、电商文案标题的写作误区

很多文案写作者深知标题对文案点击量有重要意义，就利用各种方式，通过标题吸引用户眼球，但也做出了很多不恰当、不合理的行为，甚至影响了标题的质量和效果。

（一）夸大其词

虽然夸张可以吸引用户注意，但过度夸张或做出无法兑现的承诺会损害信誉，导致用户失望。文案写作者应确保标题描述的内容与文案主体相匹配，避免使用无法证实或夸大的数据、效果。例如，"一夜之间，让你成为百万富翁的秘籍"。

（二）使用宽泛空洞的表述

宽泛空洞的表述通常指那些没有具体细节、缺乏实质内容、过于一般化或未能明确指向具体信息的表达。用户在面对宽泛空洞的标题时，很难获得清晰的信息，也不能判断标题对自己是否有价值，因此很难产生进一步阅读的兴趣。

例如，标题"高效工作秘诀"就很空泛，没有阐述是哪些具体的秘诀，适用于何种工作环境或岗位。要使标题有实质性内容，可提供具体信息或解决具体问题的方法。例如，将该标题修改为"5个实用技巧，让你的工作效率提高30%"。

（三）过度渲染负面情绪或进行恐吓

在文案标题写作中，过度渲染负面情绪或进行恐吓是一种常见的误区，这种做法可能会在短期内吸引用户注意，但从长远来看，会对品牌形象产生不利影响。例如，在标题中使用"致命""灾难"等带有强烈负面情绪的词汇，试图通过制造紧迫感或恐慌吸引用户点击；将普通问题严重化，如将轻微的健康问题描述为可能导致"终身遗憾"的严重后果；直接或间接地在标题中威胁用户，如"不看这篇文章，你将错过改变命运的机会"。

要避免这种误区，应该以积极、建设性的方式写作标题，如"提升自我：5种方法助你克服职场挑战"；或者提供解决方案，强调文章如何解决问题，如"告别焦虑：实用技巧帮你找回内心平静"。

（四）使用敏感词

一些文案写作者为吸引用户的关注，可能会在标题中添加"最高级""最佳""第一""首次""极致""独家""绝无仅有"等词语，以凸显商品的价值，如"全球首发！绝无仅有的保温杯，你值得拥有"。然而根据《中华人民共和国广告法》的规定，这些都属于敏感词，不得出现在文案标题中。

（五）太冗长复杂

在数字媒体环境中，用户倾向于快速抓取信息。过长的标题观感不佳，会降低阅读的便利性，可能导致用户直接跳过。而在手机等小屏幕设备上，过长的标题可能被截断，导致用户无法完整地看到标题内容，进而影响信息传递的完整性。

为避免这种误区，应尽量将标题控制在10～15个字，最多不超过60个字符，以确保在多数平台上能完整显示；明确文章的核心要点，只保留标题中关键的信息，去除多余的修饰词和副词；将与内容紧密相关且具有吸引力的关键词放在标题前面部分，以便搜索引擎和用户快速捕捉重点。

例如，标题"如何在快节奏的现代生活中找到平衡：一系列实用的生活技巧和心态调整方法，帮助你减轻压力，提升幸福感"明显过于冗长，可以将其精简为"快节奏生活中的平衡艺术：10个技巧缓解压力，提升幸福感"。

点评：原标题超过一般推荐的长度，改进后的标题将其缩短，保留并突出"快节奏生活中的平衡"和"提升幸福感"这两个核心要素，直接触及用户关心的问题，加入"10个技巧"量化信息，修改后的标题更加紧凑、直观、易读、有吸引力。

任务二　电商文案正文的写作

【任务引入】

如果说文案标题承担着吸引用户注意的重任，那么文案正文就是留住用户、传递价值、建立信任并促使用户行动的关键。文案正文通过提供详尽的内容，对文案主题开展叙述，以深化主题、增强用户的信任感，使用户愿意采纳建议或购买商品或服务。

【相关知识】

一、正文开头的写作

文案正文开头部分极为关键，决定了用户是否选择继续阅读下去。因此，文案写作者需要精心策划正文开头，以吸引并保持用户的注意力。文案正文开头有以下5种写法。

（一）开门见山

开门见山是一种直接、简洁的文案开头方式，它摒弃了冗长的铺垫，直接将最重要的信息或价值主张呈现在用户面前。这种写法适用于追求效率、希望用户能迅速获取核心信息的文案，如图3-12所示。

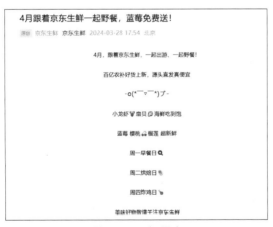

图 3-12　开门见山

点评： 该正文开头直接进入主题——介绍品牌特色商品和活动，没有冗长的铺垫，让用户能快速抓住文案的核心信息。

（二）故事引入

故事引入是一种极为有效且受欢迎的文案开头方式，它通过叙述一个吸引人的小故事瞬间抓住用户的心弦，从而建立情感上的联系，并激发他们的好奇心，促使用户继续阅读下去，如图3-13所示。

> 我有个朋友，微信头像已经用了大半年的「不瘦十斤不换头像」
>
> 起初，看她这么坚定，朋友们都觉得减肥这事儿稳了。因为这位朋友从来都是意志力超强的人，想做什么，一定要做到为止。
>
> 例如考研时，她真的可以每天早上七点风雨不改地去图书馆学习，持续一年；工作后她要换一个跨度很大的行业，又真的闭关两个月读了好几本行业相关的书，再见面已经是这个行业的半个专家。
>
> 减肥的方法有许多，只要生活自律点就可能成功，没想成，却成为她人生一大阻碍。半年过去，她的体重不降反升三公斤。

图 3-13 故事引入

点评： 这个文案的开头采用故事叙述的方式，描述一个朋友在减肥方面的经历和挑战。这种开头方式可以让用户对主题有更直观和感性的认识，同时引发用户的好奇心和兴趣，促使他们继续阅读下去。

文案写作者要确保文案开头的故事与想要传达的信息或者销售的商品紧密相关。这个故事能够自然过渡到文案的核心信息上，而不是突兀地插入。故事不宜过长，力求在几句话内勾勒出关键情节，以避免冗长的背景介绍，快速进入高潮或转折点，激发用户的兴趣。

（三）塑造情景

塑造情景是一种通过营造特定情境或场景，让用户仿佛身临其境，从而引发共鸣和兴趣的文案开头方式，如图3-14所示。文案写作者可以挑选一个与用户日常生活或情感体验密切相关的场景，用生动的细节将其描绘出来。此外，还可以动用五感（视觉、听觉、嗅觉、味觉、触觉）描绘场景，使用户能够通过文字感受场景的氛围。例如，描述清晨的阳光、咖啡的香气、轻柔的音乐等，让用户在心中形成画面。

图 3-14 塑造情景

点评： 这个文案开头采用塑造情景的方式，通过描述三个日常生活中常见的情境引起用户共鸣，分别描述用户在不同情况下可能会感到饥饿或需要食物的情况。通过描绘这些情境，文案成功地引起了用户的兴趣，并让他们对接下来推荐的商品或服务产生期待。

（四）抛出论点

抛出论点是一种在文案开头直接提出观点或主张，明确传达文章的核心信息的文章开头方式，如图3-15所示。这种方式适用于需要快速表达鲜明立场或讨论具体议题的文案。

需要注意的是，论点应能引发用户思考、激发讨论或好奇心，最好是一句话就能概括，让人一眼就能明白文案的立场。

论点提出后，可以简短地预告接下来的内容如何展开，如会提供哪些证据、分析哪些案例、解决什么问题等，从而引导用户阅读。

“人可以拒绝任何东西，但绝对不可以拒绝成熟。拒绝成熟，就是在回避问题、逃避痛苦。” 这是《少有人走的路：心智成熟的历程》里的一段话。

我从事心理咨询工作已经10年，自我探索超过15年，对这句话我深有体会。

不成熟的成年人，内心往往藏着受伤小孩，即使年龄不断增长，也会成为生活中的“巨婴”，无法和他人建立情感联结，也无法体验幸福。

而成熟，最重要的就是治愈内在小孩。

今天我想和大家分享，作为一名心理咨询师的治愈是如何发生的。

图 3-15　抛出论点

点评：该文案开头首先引用一本书的一段话，引出“成熟”这一话题，然后以自己作为心理咨询师的体会引申出“内在小孩”这一概念，并正式抛出论点“成熟，最重要的就是治愈内在小孩”。这一论点能够激发用户的共鸣，促使他们反思自己的内心世界。提出论点后，接下来分享自己的相关经历，对该论点加以佐证说明。

（五）击中痛点

痛点指用户在使用现有商品或服务过程中遇到的严重不满或困难，即市场未能充分满足，而用户又迫切希望解决的需求。在文案开头击中痛点，旨在直接触及目标用户在生活中、工作中或心理上遇到的问题、烦恼或不满，从而立即引起共鸣和关注，如图3-16所示。文案写作者可以直接点出目标用户群体广泛面临的一个具体问题或挑战，让用户感觉自己被理解；利用情感语言描述一个场景或感受，触动用户内心深处的情感痛点；通过提问的方式让用户自我反思，意识到自己未被满足的需求或长期忽视的问题。

南方又到了阴雨连绵的季节了，像是整整一个月都被雨天承包了，不仅人快发霉了，更烦的是，衣服总晾不干也快发霉了。

这阴冷潮湿的天气，衣服挂上好几天也干不了，家里都快没地方晾衣服了。潮湿的空气特别容易滋生霉菌，衣服就算勉强干了也总有一股难闻的霉味！

你知道吗，衣服上的这些异味，其实都是拜细菌所赐，是细菌在潮湿环境中繁殖的排泄物，排的越多，异味越重！

穿着阴雨天阴干的衣服带着异味，有时候隔着两米都能闻到，而且衣服上的细菌很容易引起皮肤过敏和湿疹。

洗衣服不仅要洁净去污，还要能够抗菌抑菌、去味留香才好。推荐一款美净荣玫瑰花香酵素洗衣液，强力去污，长久抑菌，让衣服在阴雨天晾干也不会产生霉味。

图 3-16　击中痛点

点评： 该文案开头首先描述了痛点，即长时间下雨导致衣物难以晾干，进而使衣服产生异味，造成尴尬，引发用户的共鸣，激发他们寻找解决方案。接下来，文案提出解决问题的关键在于选择一款具有强力去污、长久抑菌功能的洗衣液，引出产品，为下文介绍产品做好铺垫。

需要注意的是，即便是在描述问题时，也要传达解决方案的希望，以避免过分消极；在描述痛点后要迅速过渡到要推广的商品、服务如何有效解决这些问题，形成逻辑上的连贯性。

二、正文中间的写作

文案正文中间部分是文案主体内容所在，位于开头引入之后和结尾总结之前。这部分承载着详细阐述、论证、说明或叙述的核心任务，其具体构成依据文案的目的和类型而定，包括事实陈述、论据分析、商品特点介绍、故事情节展开、解决方案详述等元素。虽然正文的内容可以多种多样，但其结构安排是有特定组成形式的，一般包括逻辑递进结构、并列结构、对比分析结构。

（一）逻辑递进结构

逻辑递进结构是一种常用的文案组织方式，特别是在需要深入分析、详细论述或逐步展开论点时尤为适用。它按照事物或事理的发展规律及内在逻辑，以逐层深入的方式安排材料和论据，使得每一个后续部分都是对前一部分的自然延伸和深化，从而形成步步深入、环环相扣的论述过程。图3-17所示的文案中间部分即采用逻辑递进结构。

图 3-17　逻辑递进结构

点评： 该文案首先通过"热导率"这一物理概念，科学地说明空气是优秀的保暖材质；然后分析常见的误区，即穿得太紧、太松、太多都会影响空气层的形成，导致保暖效果不佳，以此间接证明合理利用空气层对保暖的必要性；随后，深入讲解如何构建有效的空气层，提出"外层防风，中层蓬松，内层吸湿透气"的穿衣公式，给出了具体的操作指导。通过这一系列的逻辑递进，文案层层深入，从理论到实践，围绕"空气保暖"这一线索构建了一个完整且具有说服力的论述框架。

（二）并列结构

并列结构是文案写作中一种常见的组织形式，它通过将多个同等重要的观点、事实、论据或者描述并置在一起，共同支撑或阐述中心思想。并列结构的特点是各个部分之间相互独立但又围绕同一主题，各部分联系紧密，在商品卖点展示（见图3-18）、多个案例分析、多维度论证等情境下尤为适用。

图 3-18 并列结构

点评： 该文案分别从全棉面料、可水洗机洗、透气舒适等方面以并列的方式表述床笠的卖点信息，共同证明主题——床笠品质优秀、值得购买。

（三）对比分析结构

对比分析结构是文案正文中间常用的一种结构方式，它通过对比两种不同事物、观点或情境突出某一方面的特点或优势，从而增强文案的说服力和吸引力。在对比分析结构中，通常会先描述一种情况或观点，然后转向其对比的另一方面，让用户在比较中自然得出结论。对比可以是从不同角度进行的，如功能、价格、外观、使用体验等，具体角度取决于文案的主题和目标用户。

在对比分析结构的运用上，可以采取以下3种方式。

1. 前后对比式

在描述某一事物或情境时，先呈现其初始状态或原先情况，然后展示其经过某种改变或优化后的新状态。通过对比前后变化，突出改变所带来的好处或优势。这种方式有助于让用户感受到变化的必要性和紧迫性，促使他们采取相应行动。

例如，一篇介绍智能家居的文案就运用了前后对比式的方式，部分内容如下。

"想象回到家中，冰冷的房间等待着你，你需要逐一打开灯光、调节空调温度、手动拉开窗帘迎接夜色。每天重复这些操作，生活显得如此烦琐。

但现在，有了智能家庭控制系统，一切变得截然不同。当你踏入家门，智能感应自动开启温馨的照明，空调早已调至最舒适的温度，窗帘缓缓拉开，迎接你的不只是夜景，还有科技带来的轻松与惬意。一声简单的语音指令，家务琐事瞬间搞定，生活的品质从此跃升。从手动到智能，从烦琐到便捷，生活的每一刻都因科技的革新而焕发光彩。不再被日常小事束缚，把更多时间留给享受生活的美好，这就是智能家居带来的变革。"

点评：该文案通过巧妙的前后对比，简洁有力地展示了智能家居给生活带来的变化。开头，它抓住了用户曾经经历的日常烦恼，紧接着描绘了使用智能家居后的便捷与舒适，形成鲜明对比，以激发用户对智能家居的向往。

2. 正反对比式

首先描述一种正面情况或观点，然后列举其反面情况或观点（或先描述反面，再描述正面），通过对比突出正面情况的优点或反面情况的缺点。这种方式有助于让用户明确区分是非，加深用户对正面情况的理解和认同。图3-19所示的文案就采用了正反对比式的方式。

图3-19 正反对比式

点评：该文案首先将人际关系分为耗电型和充电型，然后在正文中分别论述了耗电型关系的负面影响和充电型关系的积极作用，一反一正形成明显对照，引发了用户对该问题的深入思考。

3. 竞品对比式

当文案涉及商品推广时，可以将自身商品与竞争对手的商品进行对比。竞品对比式通过对各自的功能、价格、服务等方面进行对比，突出自身商品的优势和独特之处。这种方式有助于让用户了解商品之间的差异，从而做出更明智的购买决策，在商品详情页文案中十分常见。

三、正文结尾的写作

文案的结尾是整个内容的收尾阶段，虽然位于文章的最后，但其意义和重要性不容小觑。一个精心设计的结尾能够巩固信息、加深印象、激发行动，甚至直接影响用户对整篇文案的感受和评价。正文结尾有以下5种写法。

（一）自然结尾

自然结尾是指在文案的收尾部分，采用平和、流畅的方式将文案带入终点，不刻意追求强烈的情感冲击或直接的行动呼吁，而是让内容自然而然地达到一个合乎逻辑或情感的终结点。图3-20所示的文案就采用了自然结尾。

要开灯

前面说了，强烈的对比度会让眼睛格外不舒服。所以我们睡前玩手机的时候，最好开着顶灯，至少要留着床头灯，别让手机屏幕成为黑暗中仅有的光！

可热敷

你用过蒸汽眼罩吗？跟暖宝宝似的，敷在眼睛上很舒服很放松，而且对眼睛有好处（热毛巾也一样）。

我们眼睑周围有睑板腺，**热敷有利于其开口畅通，从而分泌更多脂质。**这层油脂覆在眼球上，可以对柔嫩的眼球起到保护作用，防止眼球表面的水分蒸发，**进而缓解长时间盯着屏幕带来的眼干。**

多说一句，不要戴着热敷眼罩睡觉，容易造成低温烫伤。

你把这些都做到了，才是真的开启了护眼模式。

图3-20 自然结尾

点评：该文案在前面介绍了保护眼睛的一些方法，最后以一句"把这些都做到了，才是真的开启了护眼模式"自然地结束全文，没有生硬地总结或重申观点，使得信息传递顺畅、和谐。

（二）号召式结尾

号召式结尾指在前文铺垫的基础上，最后向用户提出请求，或者发出某种号召，促使他们做出某种行动，如关注账号、购买商品、在评论区留言互动、实践前文所讲的道理等。文案写作者在写作此类结尾时，应该使用明确的动词直接而清晰地告诉用户希望他们做什么，并通过稀缺性优惠、购买数量等策略，营造一种"现在就要行动"的紧迫感。此外，在号召行动时，可以强调采取行动后能获得的好处或解决的问题，让用户感受到行动的正面结果，如"加入我们，改变你的生活方式"或"点击注册，解锁专属健康秘籍"。

图3-21所示文案的结尾就采用了号召式结尾。

> **为此，我们准备了光子体验名额，免费送给大家！**
>
> 参与方法很简单，点击下方图片添加小助手，即可获得抽奖链接。
>
> **点击下图添加变美福利官**
> **免费抽 1 个光子体验名额**
> **还有 5 盒面膜好礼等你来**
> ↓↓↓

图 3-21　号召式结尾

点评： 该文案结尾使用干净利落的祈使句号召用户添加小助手，并详细地展示相应的福利，促使用户做出行动。

（三）总结式结尾

总结式结尾是文案正文结尾常用的方式之一，通过前面的阐述和分析，在最后用简洁的语言归纳总结全文，得出一个高度凝练、有启发性的结论，起到深化文案主题的作用，让用户形成清晰明确的印象。这种结尾方式需要前文层层铺垫，使用户读到结尾时有恍然大悟的感觉。这种类型的结尾既能提高整篇文案的质量，又能给用户留下深刻的印象。图3-22所示的文案名为"保持年轻的3个秘诀：读书、运动、早睡"，其结尾就总结了全文。

> 真正的衰老，从来不是年龄的增长，而是丧失对自我的要求。
>
> 人到中年，长相年轻，是一种选择，是一种自律，也是一种努力的成果。
>
> 我们无法决定最初的模样，但我们可以掌控自己最终活成什么样子。

图 3-22　总结式结尾

点评： 该文案以"人到中年，长相年轻，是一种选择，是一种自律，也是一种努力的成果。我们无法决定最初的模样，但我们可以掌控自己最终活成什么样子"作为结尾，这不仅是对全文主题——如何保持年轻的总结，也是对全文主题的升华，鼓励用户认识到自我改变的可能性，强化个人能动性在对抗衰老、保持年轻心态中的决定性作用。

（四）呼应开头

呼应开头即将文案结尾和开头对应起来。例如，在开头设定某个场景、提出一个问题、引用一句话或者构建一个特定的意象，那么在结尾处再次提及或回应这个开头元素，便能形成强有力的首尾闭环。把这种方式用在文案上，可以让文案结构更完整、逻辑更严谨、主题更突出；同时也可以强化阅读体验，将用户注意力再次转移到主题上，加深用户对文案的印象，从而唤起用户情感上的共鸣。

以下是一篇使用首尾呼应结尾的文案示例。

在一个被晨光轻抚的小镇，咖啡馆的门吱呀作响，迎来了第一缕温暖的阳光和满怀梦想的旅人。他们带着对未知世界的好奇，在这里寻找属于自己的故事开篇。正如那句老话："每一天都是一个新的起点。"

……

当夜幕低垂，咖啡馆外再次归于宁静，那些怀揣梦想的旅人或许已经找到了他们今日篇章的答案。门扉缓缓合上，仿佛在说，无论明日太阳升起时他们将去向何方，这里永远欢迎他们带着新的故事归来。因为在这个小镇，每一天都不只是结束，更是"一个新的起点"——循环往复，生生不息。

点评： 文案开头描绘咖啡馆的场景，引入主要人物——"满怀梦想的旅人"，提出主题——每一天都是一个新的起点。结尾处再次回到咖啡馆的场景，通过"每一天都不只是结束，更是'一个新的起点'——循环往复，生生不息"，直接呼应开头的引用，强化"新的起点"的概念，同时增加了"循环往复，生生不息"的哲学意味，使主题得到升华。

（五）制造情感共鸣

制造情感共鸣通过深入挖掘用户内心的情感，如快乐、感动、同情、激励、共鸣等，触发用户的情感反应，与用户在情感层面建立深层联系，使用户在阅读结束后留下深刻的印象并产生强烈共鸣。

要在结尾制造情感共鸣，文案写作者可以运用温馨、感人、励志等情感化语言，激发用户的情感反应；引用与主题相契合的名言、诗歌或歌词，利用其中蕴含的情感迅速触达用户内心；强调某种价值观或信念，如爱、勇气、坚持等，让用户感受到文案的深刻内涵和正能量，从而引发共鸣。

图3-23所示的文案结尾采用了制造情感共鸣的结尾方式。

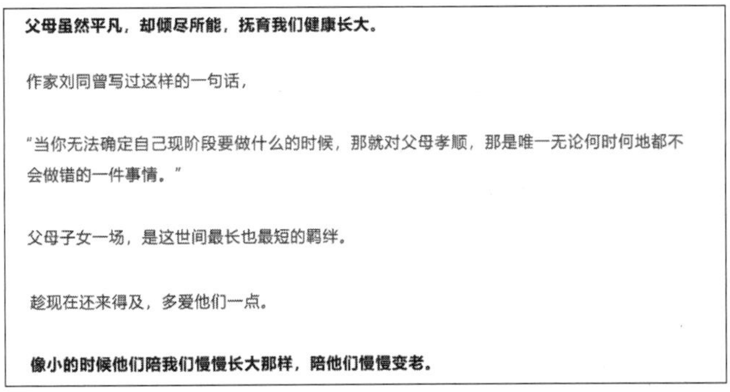

> 父母虽然平凡，却倾尽所能，抚育我们健康长大。
>
> 作家刘同曾写过这样的一句话，
>
> "当你无法确定自己现阶段要做什么的时候，那就对父母孝顺，那是唯一无论何时何地都不会做错的一件事情。"
>
> 父母子女一场，是这世间最长也最短的羁绊。
>
> 趁现在还来得及，多爱他们一点。
>
> 像小的时候他们陪我们慢慢长大那样，陪他们慢慢变老。

图3-23 制造情感共鸣

点评： 该结尾通过情感化的语言表现父母对子女的付出以及两代人的羁绊，以激发用户对亲情的珍惜。文案结尾还呼吁"趁现在还来得及，多爱他们一点""陪他们慢慢变老"。这种正面的、易于实施的建议，为用户提供了一个具体的情感出口，鼓励他们将感动转化为实际的行动，更容易引发情感共鸣。

素养提升

文案写作者要努力培养自己的共情能力，从而更好地理解目标用户的情感需求、心理状态和实际问题，这样才能创作出触动人心、引起共鸣的内容。具体方法包括：学习基本的心理学原理，在日常生活中培养对周围人情感变化的敏感度，阅读文学作品等。

项目实训 为清洁用品写作电商文案

【实训背景】

日化品牌舒雅推出了一款厨房油污清洁剂，需要写作电商文案进行推广。该厨房油污清洁剂的信息如下。

◆ **主要功能：** 强力去除厨房油渍，包括炒菜溅油、油烟机滤网油垢、灶台陈年油渍等。

◆ **商品特点：** 高效去油配方，快速溶解顽固油污；除菌率高达99.9%；环保原料，中性配方，不损伤电器表面电镀层和油漆；具有清新的香味，使用后不刺鼻；喷雾设计，使用便捷。

◆ **适用范围：** 适用于多种厨房电器，如吸油烟机、电磁炉、燃气灶等；也适用于对厨房台面、餐具、水槽等表面的清洁。

◆ **售价：** 原价39元/瓶，促销价19元/瓶。

【实训要求】

（1）拟定一个引人注目的文案标题，吸引目标用户点击。

（2）撰写一段富有情境感的开头，迅速拉近与用户的距离。

（3）分段落介绍商品特性，突出清洁剂的核心优势。

（4）设计有号召力的结尾，激发用户的购买欲望。

【实训步骤】

（1）拟定文案标题。根据主题，结合标题的写作技巧，构思多个标题，如表3-1所示，以便选择合适的标题。

表3-1 拟定的文案标题

标题类型	标题技巧	标题内容
宣事式标题	直接告诉用户商品及促销信息，并使用数字直观地呈现信息	厨房清洁神器！19元入手原价39元高效油污清洁剂，强力去渍不留痕！
提问式标题	通过提问引发思考，并运用拟人的修辞手法（油渍逃跑）	什么样的厨房秘密武器，让烦人的坏家伙见了都"逃跑"？
颂扬式标题	借助亲身经历＋借势品牌影响力增强标题说服力	大品牌出品，亲测好用！一瓶搞定厨房清洁问题
号召式标题	运用谐音，巧用成语"油然新生"	告别油腻，让厨房"油""然""新""生"！新款油污清洁剂，速速下单！

最终选择"什么样的厨房秘密武器，让烦人的坏家伙见了都'逃跑'？"这是因为该标题比较有新意，留有一定悬念，能吸引用户点击查看。

（2）撰写文案正文开头。开头可以采用情景式开头，设定一个情景，如家庭邻里聚餐后，主角用抹布擦除厨房油污，这一幕正好被邻居王姨看到。王姨给她推荐舒雅厨房油污清洁剂，引出下文对清洁剂的介绍。写作时要注意贴近生活，明确展现油污问题所带来的不便和清洁困难，触及用户痛点，并进行细节描写，如厨房满是油污的画面、主角费力清洁油污的动作，使文案更生动。写好的正文开头如下。

那天我们邻里几家人聚会后，我正和一堆油渍较劲呢。厨房里，炒菜留下的油星子到处都是，灶台上、墙上，还有抽油烟机滤网里，厚厚的一层油垢，看着都让人头疼。我拿着抹布，使出吃奶的劲儿，又是搓又是刮，可那些油渍就跟生了根似的，怎么也弄不干净。不一会儿，我的汗珠子啪嗒啪嗒往下掉，手也酸得不行。

这时候，邻居王姨走过来，瞅见我这副模样，直接笑出了声："哎哟，你这法子得擦到猴年马月去！"说着，她就回家拿来一瓶厨房去油剂，往油乎乎的灶台上一喷，然后轻轻一抹，油渍居然都没了！瓷砖也亮堂堂的，跟新的一样。我心想，这下可算找到厨房清洁的秘密武器了。

今天啊，我就想和大伙儿分享这个省时又省力的好东西——舒雅厨房油污清洁剂。

（3）确定正文中间写作思路。正文中间可以采用并列结构，分别介绍舒雅厨房油污清洁剂的"去油污效果强大""中性温和配方，不伤电器和家具""高效除菌"3个卖点，因此可分为3个部分。

（4）写作正文中间第一部分。首先拟定一个吸引人的小标题，然后通过描述舒雅厨房油污清洁剂的使用场景体现其快速、轻松清洁的效果。接着，以简洁、通俗的语言说明舒雅厨房油污清洁剂的清洁原理，并通过与普通清洁剂的对比说明清洁剂效果。写好的第一部分内容如下。

一、一抹即净，厨房焕新颜

只需轻轻一喷，即使是多年累积的厚重油垢，也能在短短几秒内开始缓缓"投降"。无论是黏糊糊的灶台，还是被油星溅满的墙面，甚至是抽油烟机滤网里的顽固分子，一切油渍在它面前都无所遁形。

随后，配合一条柔软的抹布，轻柔地擦拭，你会发现那些恼人的油渍几乎毫不费力地就被带走，留下的是洁净如新的厨具和光洁亮丽的墙面。这一切神奇的表现都得益于清洁剂中特含的强力去油成分，它能够深入油渍内部，从根源瓦解顽固油垢，实现彻底清洁。

（5）写作正文中间第二部分。第二部分主要介绍"中性温和配方，不伤电器和家具"的卖点。首先描述用户对使用清洁剂会损害电器和家具的顾虑，然后解释所推荐的清洁剂采用中性温和配方，打消用户相关顾虑。写好的第二部分内容如下。

二、温和配方，不伤电器家具

厨房里的油渍大作战，每次都搞得人精疲力尽，特别是担心那些清洁剂，去油是挺好的，却把好锅好电器给伤了。这不？舒雅厨房油污清洁剂就考虑到这点，它采用的是中性温和配方，不具有腐蚀性，对家里的不锈钢锅、微波炉、木质橱柜，都特别友好，就像是给它们涂上了一层隐形的保护膜，不仅油污去得干脆，还不留一点刮痕或者腐蚀的痕迹。

（6）写作正文中间第三部分。第三部分主要介绍"高效除菌"的卖点。在介绍这个卖点时，可以先指出厨房清洁中容易被忽视的问题——看不见的细菌隐患，引起用户注意，然后解释清洁剂除菌的原理，并描述使用清洁剂杀菌后的直观效果。写好的第三部分内容如下。

三、高效除菌，守护家人健康

每次大展厨艺后，除了看得见的油渍，看不见的细菌也悄悄在厨房安了家。普通的清洁剂可能只关注表面的光鲜，但舒雅厨房油污清洁剂多了一步，将潜藏在角落的细菌也一网打尽。它特有的杀菌成分温和却有力，能在清洁的同时，快速消灭厨房常见的大肠杆菌、金黄色葡萄球菌等有害微生物，让你在享受美食的同时，也能守护家人的饮食安全。有了它，你不用担心切菜板上的细菌会影响食材，也不用害怕水槽边的霉菌会影响家人的健康。

（7）写作文案结尾。文案末尾可以介绍厨房油污清洁剂的优惠力度和活动期限，刺激用户的购买欲，最后号召用户购买清洁剂。

油污清洁剂看似不贵，但用得频繁，还是挺花钱的。很多人为了省钱，就去买一些杂牌商品，结果清洁效果不好，反倒浪费钱。今天介绍的这款舒雅厨房油污清洁剂是大品牌的商品，用得放心，而且我给大家谈下了很大的优惠力度，平时要39元一瓶，现在只要19元一瓶！机会难得哦，赶紧点击下方的链接下单吧！

 课后习题

1. 现有一款专为儿童设计的护眼台灯，具有无蓝光危害、可调节亮度和色温等特点。请完成以下写作任务。

（1）为该台灯写作警告式标题，提醒家长关注儿童视力保护的问题。

（2）写作正文开头，用情感化的语言描述儿童在不良光线下学习可能遇到的问题。

（3）写作正文中间部分，采用逻辑递进结构，从蓝光危害的科普到商品如何保护儿童视力。

（4）写作正文结尾，呼应开头，再次强调保护儿童视力的重要性，号召用户下单购买台灯。

2. 现有一款家用智能跑步机，具有可折叠设计，搭载智能App，能够根据用户的运动数据提供个性化训练计划等功能。

请根据该跑步机的信息写作提问式标题、颂扬式、号召式标题。

提问式标题：_____

颂扬式标题：_____

号召式标题：_____

3. 分析以下文案标题出现的写作误区，并修改。

（1）一周之内，保证让你成为减肥冠军的秘密！

（2）忽视这一步，你的孩子未来将充满遗憾！

（3）全网最强！这条美腿裤让你看起来瘦一圈。

（4）深度解析：如何在竞争激烈的市场环境下，利用多元化营销策略，让小微企业实现持续增长与盈利。

项目 四

网店商品展示文案的策划与写作

学习目标

【知识目标】

● 掌握商品海报文案、商品详情页文案的相关知识。

● 掌握促销活动文案、商品评价回复文案的相关知识。

【能力目标】

● 能够写作有吸引力的商品海报文案、商品详情页文案。

● 能够写作激发用户参与的促销活动文案、展示网店良好服务的商品评价回复文案。

【素养目标】

● 熟知关于广告真实性的相关法律规定，做到如实宣传。

● 了解各方面的知识，提升自身文化素养、增强文案的感染力。

引导案例

某款不粘锅的商品详情页文案以图文结合的方式进行呈现，利用简洁的文案和精美的图片等，详细地介绍了不粘锅的各卖点，并针对不粘锅的真假辨别方法、具体参数、使用方法、使用注意事项等用户关注的信息做了比较详细的说明，让用户能够充分了解商品。

除以上内容外，该不粘锅的商品详情页还介绍其使用场景、所获认证证书、品牌发展历史、售后保障等，增强了用户对商品及品牌的信任。

用户进入网店查看商品时，通常会浏览商品海报文案、商品详情页文案、促销活动文案、商品评价回复文案等。文案写作者必须学会这些相关文案的写作方法和技巧，才能帮助网店完成日常的运营推广。

任务一　商品海报文案写作

【任务引入】

　　商品海报文案能够利用视听的方式将商品的各种重要信息传递给用户，从而提高用户对商品的认知和信任度，激发用户的购买欲望。设计精美、内容丰富的商品海报文案能够在第一时间吸引用户的注意力，引发其对商品的兴趣。

【相关知识】

一、商品海报文案的构成要素

　　电商商家对商品海报文案的基本要求是"图形+文字"，二者相辅相成。图形化的设计会使文案更加美观，从而吸引用户眼球；而文字用来表现或突出主题，传递商品的重要卖点。商品海报文案中的文字是海报的主题，用来展示商品的宣传要点，是海报的主体，而图片主要起辅助表达的作用。

　　商品海报文案中文字的组成部分主要包括主标题、副标题、详细描述，如图4-1所示。

　　点评：本案例中某饮品品牌的商品海报文案中的文字包括主标题、副标题和详细描述等。主标题为"冰茶系列清爽轻负担"，十分醒目；副标题为"0脂/0咖啡/真果汁"，字体稍小；详细描述为对商品的标注和右下角的解释文字，字体较小，以体现层次感。

图 4-1　商品海报文案中的文字

- ◆ **主标题**：是海报中的核心部分，通常位于显眼位置。主标题需要简洁有力，能够一针见血地传达商品的核心卖点或促销信息。
- ◆ **副标题**：是对主标题的补充说明，通常位于主标题下方，用于提供更多信息或解释，帮助消费者更好地理解主标题的含义或促销的具体内容。
- ◆ **详细描述**：提供商品的详细信息，包括功能特点、使用方法、材质、规格参数等，其内容重要性低于主标题和副标题，字体通常较小，位于海报边缘位置。

二、商品海报文案的写作技巧

　　作为将商品展示给用户的直接方式，商品海报文案在一定程度上决定了商品海报传播的广度，好的商品海报文案能够在短时间内吸引用户的目光。文案写作者可以参考以下5种写作技巧。

（一）直接展示

直接展示是商品海报文案写作中一种直观、清晰、高效的信息传递方式，旨在迅速吸引用户的注意力，准确传达商品的核心卖点和价值。具体来说，商品海报文案应直截了当地展示商品的名称、类别或主要功能，这种表述方式能让用户迅速识别商品，避免产生混淆或误解。文案写作者可以使用精练、有力的语言，以及直观的数字凸出商品的核心卖点，如"超长待机30小时""4K超清显示屏"等，让用户能够快速了解商品的独特价值。图4-2所示为某品牌运用直接展示技巧写作的商品海报文案。

图 4-2 直接展示

点评：海报中用大号字体写着"轻薄手机 续航新突破"，强调这款手机的轻薄设计和长续航能力，让用户能够快速了解商品的核心优势。海报下方还有一行文字"4700mAh 续航测试 1.4天"，进一步强调手机的电池容量和使用时间。这些具体的数据可以增加用户对商品的信任感。

（二）巧妙引用

商品海报文案使用巧妙引用技巧可以让文案更加生动、有吸引力，让用户对文案产生熟悉感。具体来说，可以引用的内容包括名人名言、经典电影台词、古诗词、成语、网络流行语（见图4-3）等。在引用时，要确保引用的内容与商品相关，不要做毫无意义的引用。

点评：海报中"更适合中国宝宝体质的拿铁"就引用了网络流行语"更适合中国宝宝体质的××"，让广告更加贴近年轻人的语言习惯和文化背景，从而增强了亲和力和吸引力。

图 4-3 巧妙引用

（三）以情托物

用户选购商品有时会以满足其情感诉求为目的，优秀的商品海报文案可以引发用户的情感共鸣。商品海报文案可以借用美好的感情烘托主题，只要真实生动地反映这种感情，就有可能打动用户，从而达到销售商品的目的，如图4-4所示。

图4-4 以情托物

点评： 这两张海报构建了一个年后返城带上家乡特产的场景。其中，"刀板会留香 家人的爱意 也会留香""别处买的叫苹果 家人给的 才叫平安果"以情托物，表明家乡特产承载着家人的爱意和牵挂，容易引起具有类似经历的用户的情感共鸣。

（四）幽默诙谐

幽默诙谐是赢得用户好感的有效手段。商品海报文案通过幽默风趣的文字表达，可以吸引用户的眼球，让用户感到欢乐，从而对商品产生更积极的印象。这种技巧适用于针对年轻人的商品，但需注意适度幽默即可，不能冒犯他人。图4-5所示的商品海报文案使用的就是幽默诙谐的写作技巧。

图4-5 幽默诙谐

点评： 该海报巧妙地将"需要稍等一下""需要烧烤一下"并置在一起，打破了常规的语法和逻辑，制造了一种幽默、无厘头的效果，使得商品海报文案更具趣味性。

（五）对比衬托

对比衬托是一种在处理对立冲突艺术时常用的表现方式，这里的对比不是文案字体的对比，而是将商品海报文案中所描绘商品的性质和特点放在鲜明对照与直接对比中加以表现，借彼显此，互比互衬，如图4-6所示。运用这种写作技巧，电商海报文案可以更好地强调或揭示商品的性能和特点，从而给用户留下深刻的视觉印象。

图 4-6　对比衬托

点评： 海报中提到"它比摇篮更会哄"，通过将单人沙发与人们熟悉的传统婴儿安抚工具——摇篮进行对比衬托，暗示这款沙发在哄睡方面有着更好的表现。这实际上是在突出单人沙发的摇摆功能和舒适性。

任务二　商品详情页文案写作

【任务引入】

商品详情页是用户购买商品时的主要参考内容，能较大限度地将商品的卖点展示出来，让用户在了解商品各项信息的同时延长用户在店铺的停留时间，以引导用户下单，从而提高店铺转化率。因此，商品详情页文案是影响用户购买商品的关键因素。

【相关知识】

一、商品详情页文案的构成

商品详情页文案是对商品信息的完善，越全面越好，并且要对用户感兴趣的关键信息进行详细描述。商品详情页文案通常由以下部分构成。

（一）商品整体展示

商品详情页文案中不可或缺的就是对商品的整体展示，其通常位于商品详情页的开头，如图4-7所示。其作用是让用户直观地认识商品全貌，使其对商品有一个初步印象。

图 4-7　商品整体展示

点评： 该图为对某沙发的整体展示，将沙发放置在家居场景中，让用户能直观地了解沙发摆放后的效果。

（二）商品细节展示

商品细节展示通过多张高清特写图片，详细地展示了商品的关键部位、材质纹理、工艺细节、功能按键等，并用精练的语言加以描述，如图4-8所示，以帮助用户深入了解商品。

图 4-8　商品细节展示

点评： 该图为对某双肩包的细节展示，包括隐藏式口袋设计、网袋收纳设计、内部的合理布局等，帮助用户了解双肩包的实用性。

（三）商品卖点展示

商品卖点展示是商品详情页文案的一个重要组成部分，该部分要使用简洁明了的语言介绍商品具有竞争力的卖点，并深入解读每个卖点，阐述其对用户的价值和优势，做到有理有据，以说服用户，如图4-9所示。

图4-9　商品卖点展示

点评： 该图为对某银耳的卖点展示，分别介绍银耳"泡发率高""洁净无杂""软糯易煮"的卖点，并在下方用较小的字体对卖点进行细致的解释说明，以增强说服力。

素养提升

《中华人民共和国广告法》第4条规定："广告不得含有虚假或者引人误解的内容，不得欺骗、误导消费者。广告主应当对广告内容的真实性负责。"在写作商品详情页文案时，文案写作者应该如实描述商品，要避免使用绝对化用语和未经证实的承诺。

（四）商品详细信息介绍

除卖点外，商品详情页还需要有介绍商品详细信息，包括商品的尺寸（见图4-10）、参数（见图4-11）、使用方法、安装方法、使用温馨提醒（见图4-12）、包装/物流、售后服务（见图4-13）等，从而让用户全面了解商品。

图4-10　商品尺寸

图4-11　商品参数

—————— 温馨提醒 ——————

关于胶贴安装：

1. 擦干墙面，确保粘贴位置干燥无尘，避开墙面缝隙和凹凸处。

2. 粘贴到墙面后由里向外按压，尽量排尽空气，确保胶贴与墙面充分紧贴。

图 4-12 使用温馨提醒

无忧售后保障
TO MAKE EVERY HOME FEEL SPECIAL

① 收货后180天内免费维修一次。

② 三年质保期内：非人为损坏，免费维修。
人为损坏：需您支付维修费用，我们安排专业维修师傅上门。

③ 终身售后：非人为损坏，补贴50%维修费。
人为损坏：需您支付维修费用，我们安排专业维修师傅上门。

图 4-13 售后服务

（五）商品或品牌实力展示

商品详情页还需要展示商品或品牌的实力，以打消用户的购买顾虑，具体包括企业规模/排名（见图4-14）、商品销量、实体店情况、生产能力、用户评价（见图4-15）、品牌历史或内涵、权威机构认证（见图4-16）等。

图 4-14 企业规模/排名

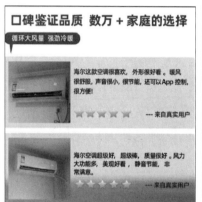

图 4-15 用户评价

图 4-16 权威机构认证

（六）福利展示

为促使用户下单，很多商品详情页中还会展示用户购买商品所能获得的福利，包括领取优惠券、享受折扣、获得赠品等，如图4-17所示。同时，品牌方还会通过强调优惠幅度大以及数量有限等制造紧迫感。

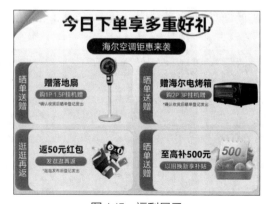

图 4-17 福利展示

二、商品详情页文案的写作技巧

仅靠精美的图片和详细的商品性能介绍，商品详情页文案不一定就能吸引用户并激发其购买欲望。文案写作者还需要合理组织和写作文案，以突出商品的卖点，从而创作出优秀的文案。写作优秀的商品详情页文案需要掌握以下技巧。

（一）描绘使用场景

描绘使用场景能够帮助用户形象化地感知商品在实际生活中的使用情况，增强其对商品功能、价值和优势的理解。文案写作者首先要确定目标用户群体，如职场白领、新晋父母、户外爱好者等，根据他们的生活方式、需求构建符合其身份特征的场景；然后，描述一个具体生活情境，包括时间、地点等元素，如早晨的厨房里、忙碌的办公室、周末的露营之旅等，让用户仿佛置身其中；最后，将商品自然地融入所构建的场景中，展示其如何在特定情境下发挥作用，如图4-18所示。

点评： 该商品详情页文案描绘早、中、晚3个时间段食用麦片的场景，让用户意识到麦片的可食用场景很多，进而对其产生兴趣。

图4-18　描绘使用场景

（二）借助故事调动情绪

一个优秀的故事能调动用户的情绪，为商品添加附加值，使用户对商品形成深刻印象，进而下单购买。在讲述故事时，要使用简单、朴实、真挚的文字，搭配具有真实感的实拍照片，以增强故事的真实感。讲故事的切入角度很多，包括讲述品牌的发展历程、创始人创业经历、品牌继承的工艺传统、品牌实现创新的过程、商品生产过程（见图4-19）等。

图4-19　商品生产过程

点评： 该商品详情页文案使用朴实简单的语言讲述了品牌创始人一家利用多年的经验制作腊肉的故事，包含各种细节，如冒雨砍柴、熏腊肉等，使故事充满了真实感。

（三）运用对比

在写作商品详情页文案时，运用对比技巧可以帮助用户更好地理解商品的特点和优势。具体来说，对比技巧主要有以下3种。

1. 将自身商品与同类商品对比

将自身商品与同类商品对比是一个可以很好地凸显商品价值的方法，如图4-20所示。商品质量、材质和能耗等都可作为对比的对象。文案写作者应从用户关心的角度出发，明确展示自身商品与市场上其他同类商品的不同之处，分析可能引起用户关注的问题，从侧面突出自身商品的优点。

图 4-20 将自身商品与同类商品对比

点评： 该小米详情页文案运用对比手法，从色泽、外观、产地、口感等方面进行对比，以凸显自身商品的优势。

2. 使用前后对比

使用前后对比能直观地呈现商品给用户生活带来的具体变化，如图4-21所示。使用前后对比时，可以展示使用前后的实物照片。对于有量化效果的商品，如体重秤、空气净化器等，可以使用图表形式对比使用前后的数据变化（如体重减轻曲线、空气质量指数变化等）来清晰地展示商品带来的显著改善。

点评： 该商品详情页文案展示了白鞋使用清洁剂前后的实拍图。使用前，白鞋表面有明显的污渍；使用后，白鞋焕然一新，凸显了商品的清洁效果。

图 4-21 使用前后对比

3. 与参照物对比

对于一些需要明确尺寸的商品，可通过参照物进行对比，以突出商品特点。例如，抱枕、沙发可以以人为参照物进行对比，笔记本电脑可以以书包为参照物比照大小，书本则以硬币为参照物衡量厚度，便携充电宝以手机/卡片为参照物进行对比。

（四）赋予商品文化内涵

在商品详情页文案中赋予商品文化内涵，有助于提升商品的附加值及品牌辨识度，从而吸引用户关注并产生共鸣。具体来说，文案写作者可以从以下角度进行写作。

1. 阐述设计理念

对于设计感强的商品，可以在文案中解释其设计灵感来源、风格定位、艺术元素运用等，展示其独特的审美价值。例如一款瓷器餐具，可阐述其取材于古代青花瓷图案，融合现代极简线条，呈现东方美学与西方简约的和谐交融。

2. 关联地域文化

对于有地域特色的商品，可以强调商品与特定地域、民族、历史文化的联系，赋予其地域特色和人文情怀。例如一款源自四川郫县的豆瓣酱，可讲述它在郫县这片肥沃的土地上孕育而生，每一滴红亮都是四川人对美食极致追求的体现，彰显川菜的火辣与热情。

3. 讲述工艺传承与创新

详细介绍商品采用的传统工艺技法、独特材料，以及如何在继承中创新，以体现对传统工艺的尊重与发扬。例如一款手工银饰，可讲述工匠如何运用古法锤揲、錾刻技艺，并结合现代设计，打造独一无二的艺术品。

4. 融入生活方式与价值观

通过描绘商品融入的特定生活方式、价值观，传达品牌倡导的生活态度和哲学。例如一款环保家居用品，可强调其采用可再生材料、节能设计，倡导绿色、可持续的生活方式。

图4-22所示的蜀锦商品详情页文案就赋予了商品文化内涵。

图 4-22　赋予商品文化内涵

点评： 该详情页文案详细地介绍了蜀锦的烦锁工序和大师的技艺，以及作品在清代道光年小花楼木织机上的创作过程，展示了商品的独特审美价值和工艺水平；文案强调了蜀锦商品的历史背景，如提到蜀锦是中华传统文化的代表性珍贵之礼，具有悠久的历史和丰富的文化内涵。

素养提升

文案写作者应广泛涉猎各类知识，不断积累文学、艺术、历史等方面的知识，深入理解用户的心理诉求和社会文化趋势，这样才能在文案创作中游刃有余，让商品在物质价值之外，展现丰富的文化内涵和情感魅力，使文案更具感染力。

（五）给出痛点解决方案

给出痛点解决方案是指文案写作者在文案中直接指出痛点，使用简洁有力的语言唤起用户共鸣，然后明确指出商品该如何有针对性地解决这些痛点的写作技巧。其最好说清楚该商品解决问题的方法，或者用图片展示解决问题后的效果，如图4-23所示。

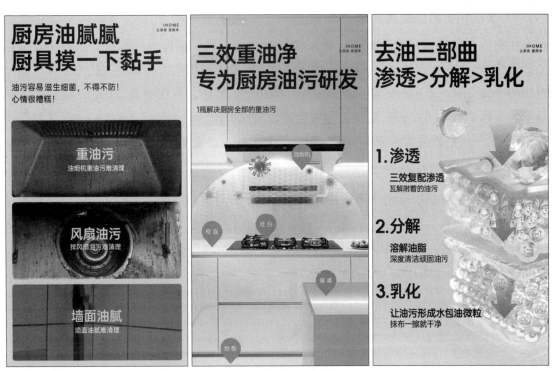

图4-23 描述痛点并给出解决方案

点评： 该商品详情页文案首先描述了厨房油腻、厨具黏手的痛点，然后用图片展示了使用该商品去除油污后厨房干净明亮的效果，告诉用户使用该清洁剂能去除油污，最后给出去油污的原理，让用户相信该清洁剂能很好地解决厨房油污的问题。

任务三　促销活动文案写作

【任务引入】

促销活动是电商商家提高商品销量的常见营销方式，一个精心策划的促销活动能帮助电商商家完成巨大的销售目标。因此，促销活动文案也是电商文案的常见类型，文案写作者必须了解这种文案的基本内容和写作技巧。

【相关知识】

一、认识促销活动文案

促销活动文案就是为宣传促销活动而写作的文案，主要用于宣传和推广商家的商品或服务，旨在刺激用户的购买欲望，增加销售额等。这类文案通常会明确传达促销活动的信息，包括优惠详情、活动时间、参与条件、活动亮点等，以吸引潜在用户关注并采取行动。促销活动文案通常分为以下3种。

（一）价格折扣促销文案

价格折扣是电商行业常用的一种促销方式，其形式包括打折、满减、满赠、买一送一、特价、套装优惠等。写作价格折扣促销文案时要详细说明折扣幅度、优惠条件、活动时限等关键信息，让用户能够直观地感受到价格上的实惠，从而激发用户购买意愿，尤其是要用具体的数字将降价的幅度叙述清楚（如满200元立减20元）、打折的力度（如买两件打8折）、促销价格（如原价99元促销价69元）等，以避免产生歧义。

（二）奖品促销文案

奖品促销通常指以向用户赠送奖品的方式给予用户优惠。奖品促销文案围绕购买商品或参与活动即可赢取奖品或礼品展开，奖品可以是实物奖品、积分奖励、购物券等，文案应强调奖品的价值，增强活动对用户的吸引力，如图4-24所示。

图 4-24　奖品促销文案

点评： 该奖品促销文案以简洁的文字和相应的奖品图案让用户能够快速了解奖品。

（三）会员促销文案

会员促销文案针对会员制度或会员专享优惠制定，旨在鼓励用户注册成为会员或提升会员等级以享受更多权益，如会员独享折扣、会员专享商品、会员积分回馈、会员生日礼遇等，如图4-25所示。会员促销文案要体现会员福利，并通过特定的文字表述让这些福利看上去更独特、高端。

图4-25　会员促销文案

点评： 在该会员促销文案中，"专享"体现了会员的尊贵感，"500元""1000元"等大额优惠券则突出了会员权益的吸引力。

二、促销活动文案的写作技巧

促销活动文案除了具备普通电商文案的特点外，还必须结合促销活动，根据活动的主题和促销方式写作，通常可以利用以下3个写作技巧。

（一）制造紧迫感

促销活动文案需要给用户一个立刻行动的理由，在很多情况下，只有紧迫感才能促使用户立刻参与促销活动。制造紧迫感的常见手段是强调稀缺性，如活动名额只有××名，如图4-26所示。此外，制造紧迫感的信息（如时间、名额等）要突出显示，可以加粗、用大号字体等方式。

图4-26　制造紧迫感

点评： 该促销活动文案中明确了促销活动时间、优惠金额（888元），以及活动名额（前30名），由于名额有限、优惠幅度大，因此很容易给用户制造一种紧迫感，期望自己能获取参与资格。

（二）加入高频词

在不同促销海报文案中，有一些内容是相同的、经常出现的，这些就是高频词。在文案中加入高频词能起到快速吸引用户、提高转化率的作用。促销海报文案中常用的高频词有"免费""立省""直降""超值""惊喜价""买就赚"等。

（三）加入行动号召

为了更有效地引导用户参与促销活动，促销活动文案中应该加入行动号召，通过使用强烈的语气和具有强烈情感的词汇，如"不容错过""赶快行动"等，激发用户的购买欲望和行动意愿。此外，还需要提供明确的指引，告诉用户如何采取行动，如提供具体的购买链接、参与方式等。

任务四　商品评价回复文案写作

【任务引入】

在电商中，用户可以在完成交易后对商品做出评价，评价涉及用户的购物体验、使用感受等内容。通常来说，积极、诚恳的评价回复可以展示商家的专业态度和服务质量，有助于提升店铺形象和信誉。

【相关知识】

一、商品评价回复文案的类型

对于文案写作者来说，对用户的不同评价需要写作不同的回复，这样才能让用户感受到自己被重视，从而增加对商品或品牌的好感度。根据用户对商品的不同评价，通常可将回复分为感谢型回复、引导型回复和解释型回复3种类型。

（一）感谢型回复

感谢型回复主要回复用户的好评，通常可以使用一种模式化的文案内容，主要目的是与用户互动，以增加自己的存在感，如图4-27所示。

水壶收到啦，没有让我失望！是正品，无论从包装还是水壶细节看，都非常满意，外观简单大方，壶嘴一体设计非常好，里面的304食品级白钢，烧水噪音很小，送给婆婆非常喜欢！全国联保一年，价钱实惠，比外面便宜多啦！看了很多家最后选择了这家店！！客服汐汐服务态度非常周到，必须好评！以后还会选择美的家产品

05.01

回复：美的用心出品，只为方便你我，美的出品，质量保障。这款水壶采用一体无缝内胆设计，人体工学手柄设计，简单实用又安全，后续使用中有问题随时联系这边的客服帮您解决哦~爱您~【欢迎您收藏我们的店铺，我们是老品牌大店，希望能为您带来不错的体验。】

图4-27　感谢型回复

点评: 图中是某电热水壶评价下的感谢型回复,该回复不但感谢用户,而且还展示其商品的功能卖点,在与用户互动的同时,进一步宣传商品和品牌。

(二)引导型回复

引导型回复可以使用在所有的用户评价回复中,既可以向用户介绍商品的用法和性能卖点,也可以解释使用疑问和功能缺点,从而引导用户正确使用商品或关注品牌,并进行二次购买,如图4-28所示。

东西不怎么滴!首先,煮饭本来好好的,过会儿再看就没动静!做饭炖汤期间必须时刻检查!其次,不耐脏!第三体积大大,使用起来很不方便!没有老式电饭锅好用!

05.02

回复:宝贝可是秀外慧中的哦,不止是看起来不错,用起来更给力的呢。亲拍下的是4L咖啡棕,实用容量,满足全家使用需求。烹饪时面板显示转圈圈,工作快结束时会有倒计时,工作结束后会自动进入保温状态。咖啡棕外观,不仅高大上,且耐脏耐用,使用完后用布擦拭机身即可,我们一定不会辜负您的期望,用更好的产品和服务回报您的支持。

图4-28 引导型回复

点评: 图中是某电饭煲的引导型回复,该回复介绍了商品具体的操作方法,用来消除用户对商品的不满,另外还提醒用户,该商品体积大的原因是容量较大,引导用户如果需要体积较小的商品,可以购买容量小的型号。

(三)解释型回复

如果在用户评价中出现中差评,这时就需要电商商家找到用户给出中差评的原因,如买卖双方的误会,用户对商品的期望值过高、对服务不满意等,并通过回复文案进行解释,在安抚用户的同时,打消其他用户顾虑,将中差评影响降到最低,这就是解释型回复,如图4-29所示。

一直信赖美的产品,家里好多美的的家电。这个热水壶也很不错,烧水挺快,就是声音有点大,外观设计手感挺好,壶嘴很好清理,这是很喜欢的一点!就是盖子角度能开更大点就更加完美了

05.05

回复:小主您好,(1)因产品功率较大,电热水壶在烧水沸腾的时候会稍有声音,声音主要来自于电水壶在加热水的过程当中水中产生的气泡上升到水面破裂产生的。功率越大,烧水越快,气泡产生多,声音会比功率小的产品稍微大一点。但声音大小控制方面美的电器在行业内一直致力走在技术的前端。(2)这款电水壶的上盖经过阻尼设计,开盖角度不会过大,防止烧开的水飞溅烫伤用户,使用起来更贴心哦。刚开始使用时,按键手感偏硬一些,使用久了会灵敏柔和一些哦。开盖角度不够大的话,您可以手动扳直一些哦。十分抱歉这次购物体验没有能让您完全满意,但是您不用担心,有任何需要帮助的地方都可以咨询本店的客服,联系客服后输入【人工】2个字即可享受一对一专属服务。在本店购买的所有产品都参与美的全国联保一年,相信我们优质专业的售后服务一定会解决您的问题。小美祝您永远幸福哦~

图4-29 解释型回复

点评： 图中是某电热水壶的解释型回复，该回复针对用户在评价中提出的两个问题，从技术和设计角度进行解释，不但可以消除用户疑虑，还可以为其他用户购买商品提供帮助。

二、商品评价回复文案的写作技巧

精心编写的商品评价回复文案能有效处理用户疑惑，化解负面评价，以体现商家专业服务，增强用户对品牌的信任。因此，文案写作者要掌握商品评价回复文案的写作技巧。

（一）套用模板

对于商品销量较高的电商商家来说，为提高评价回复的效率，通常可以采用评价回复的写作模板。写作模板可分为两种。

1. 好评回复模板

好评回复的内容通常是感谢用户、宣传商品或推广新品，其模板有以下3种。

◆您的好评让小店万分期待，是对小店的鼓励，是小店向前看的动力，小店会更加努力，让您买得开心，用得放心，生活有它更舒心。

◆喜欢您来，喜欢您再来——××旗舰店，小店还为您准备了更多适合您的商品，期待您的再次光临。

◆感谢您的好评，我们会不断发布新品！更有红包与优惠券不定期发放等，赶紧收藏小店，祝您生活愉快！

2. 中差评回复模板

中差评回复的重点是有一个好的态度，在解释问题的同时还需要平复用户心中的不满，以安抚用户的负面情绪。具体来说，中差评回复模板有以下3种。

◆感谢您的评价，您给的中评，是我们前进的动力，说明我们还有很多需要改进的地方，我们会更加努力，为您提供更好的购物体验，努力得到您的好评。

◆亲爱的，我们支持7天无理由退货，有任何问题请随时和我们沟通，我们会第一时间帮您处理，感谢您对小店的支持与信任。

◆亲爱的，这次的购物体验没能让您满意，非常抱歉，但是小店不气馁，今后我们会更加努力，让您拥有美好的购物体验。

（二）针对性回应

套用模板虽然能提高工作效率，但太单调，泛泛而论、缺乏重点，看上去像是一个机器人在回复。对于重要的评价，如用户用心写的好评或态度强硬的差评，文案写作者最好不要套用模板进行回复，而是要重点回复用户在评价中明确提出的问题或关注点。

例如，某服装网店针对用户关于衣服褪色问题的差评，可以回复："亲爱的[用户昵称]，感谢您的反馈。很抱歉您买到的衣物出现褪色问题。对此，我们高度重视并已着手调查。为弥补此次不足，我们将为您提供退换货服务，并承担运费。请放心，我们会不断提升商品质量，确保您有更好的购物体验。再次感谢您的理解和支持。"

水果网店针对沃柑很甜的好评，可以回复："尊敬的[用户昵称]，您的好评让我们很荣幸！我们始终致力于挑选优质的沃柑，确保每一颗送达您手中的沃柑都鲜美甘甜。您的好评激励我们继续坚守品质，期待您再次光顾，一起分享更多甜蜜滋味。"

点评：褪色问题的回复展现了积极解决问题的态度，提出了具体补偿措施，体现了对用户反馈的重视和负责。沃柑好评的回复回应用户对沃柑"很甜"的正面评价，明确指出"致力于挑选优质的沃柑"与"确保每一颗送达您手中的沃柑都鲜美甘甜"，体现了商家对商品特性（即沃柑的甜度）的重视和用户反馈的细心关注，让用户感受到其评价被认真对待，从而加深互动的诚意和有效性。

小提示

要做出有针对性的回应，可以提取用户评价中的关键词，然后在回复中直接引用这些关键词，表明你的回复是基于用户的实际反馈撰写的，如上面案例中的"褪色""很甜"。

（三）情感映射

情感映射即在回复中回应用户的情绪。如果评论充满喜悦，回复中也应体现兴奋和感激；若是不满，回复则需表达歉意和解决决心，以展现同理心。

下面为两则评论与回复内容的示例。

评价："哇！刚收到的这件连衣裙太美了，颜色比我想象的还要正，穿上去朋友都说好看，超级满意的一次购物！"

回复："亲爱的[用户昵称]，看到您的评价，我们的心情也像绽放的花朵一样美丽呢！您的满意就是对我们最大的鼓励，感谢您与朋友们分享这份美丽，期待未来每一次相遇都能给您带来同样的喜悦和惊喜！下次光临记得使用专属优惠哦～"

评价："东西寄得实在太慢了，而且还给碰坏了，真叫人心烦！"

回复："您好，[用户昵称]，我们完全明白您现在的心情，换作我们，遇到快递慢还损伤了宝贝，心里也一定不舒服（同理心表达）。首先，向您说声对不起（诚恳道歉），我们已经在紧急核查延误和损坏的具体情况，并会火速为您重新寄送一件全新的商品，我们会选择更快更稳妥的配送方式，以保证这次能顺利、快速到达您的手中（明确解决方案）。为了表达我们的歉意，我们将送上一张优惠券，希望能稍微抚平您的不愉快（提供补偿）。"

点评：喜悦评价回复对正面情绪的呼应恰当，显得亲切且充满活力，感激之情表达得体。不满评价回复很好地表达歉意，语言朴实真诚，能够有效安抚用户情绪。

▌项目实训

实训一　为行李箱写作商品详情页文案

【实训背景】

某网店推出了一款行李箱，核心卖点是容量升级（3∶7比例分区，可以放置大件物品，增加20%的收纳空间）。此外，承重抗压（采用ABS+PC防刮材质）也是行李箱的一大卖点。行李箱的细节设计还有：USB充电接口、便捷式挂钩、高承重万向轮（双轴承、顺滑）。提供多尺寸选择，包括20寸、24寸、26寸、28寸。

【实训要求】

为该行李箱写作商品详情页文案。

【实训步骤】

（1）设计商品整体展示。行李箱的整体展示可以将两个不同颜色的行李箱放置在画面中间，搭配文案来点明核心卖点。针对核心卖点——容量升级，可以用动词（如"装"）、结合使用场景（如"出差旅行"）进行描述，如图4-30所示。

（2）设计卖点"容量升级"的展示。"容量升级"是抽象的说法，介绍时要提供有说服力的依据，具体可以强调"3∶7黄金分区"，使用具体数字（增加20%的收纳空间），实际使用效果（灵活放置大件物品）。在图片方面，可以用一个普通行李箱和该行李箱进行对比，并添加必要的标注辅助说明，如图4-31所示。

图 4-30　商品整体展示

图 4-31　卖点"容量升级"的展示

（3）设计卖点"承重抗压"的展示。介绍"承重抗压"是如何实现的，这里可以强调行李箱的材质是"ABS+PC防刮材质"，并详细描述承重抗压能带来的实际好处——剐蹭不易留痕，久用如新。为直观地进行说明，图片可以安排一个成人站立在行李箱上，以凸显抗压性，如图4-32所示。

（4）设计商品细节的展示。行李箱需要展示的细节包括便捷式挂钩、高承重万向轮、USB充电接口3个部分。"便捷式挂钩"的文案可以强调挂钩承载力强、方便实用；"高承重万向轮"的文案可以强调双轴承设计，越重越顺滑；"USB充电接口"的文案则可以强调电量告急无须担心。此外，可以搭配特写图片以展示具体细节设计，如图4-33所示。

图 4-32　卖点"承重抗压"的展示

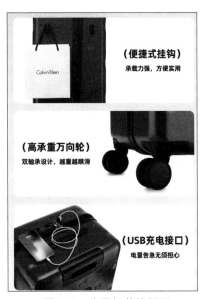

图 4-33　商品细节的展示

（5）设计商品详细信息介绍。对于行李箱而言，需要展示的信息是不同尺寸的适用情形，可用表格的形式搭配直观的数字进行展示，如图4-34所示。

选购指南	**20″** 可登机	**24″** 需托运	**26″** 需托运	**28″** 需托运
尺寸/cm	36×24×55	36×30×65	39×31×70.5	43×33.5×75
重量	3.04kg	3.65kg	4.08kg	4.55kg
天数	1～3天	3～7天	6～9天	8～10天
场景	出差	旅游	求学	出国

图 4-34　商品详细信息介绍

实训二　为网店写作商品评价回复文案

【实训背景】

某户外运动装备网店近期收到几条来自用户的评价，包括好评、中评和差评。现需要针对这些评价撰写回复文案。用户评价内容如下。

好评："刚收到的徒步鞋，质量很好，穿着舒适，非常适合长途行走，非常满意！"

中评："防晒衣轻薄透气，就是尺码偏小，买了L码还是感觉紧。"

差评："背包收到后发现有点小瑕疵，虽然不影响使用，但还是有些失望。"（配图显示背包后面有划痕）

【实训要求】

（1）针对好评写作感谢型回复，以展示热情的态度和亲和力。

（2）针对中评写作引导型回复，引导用户进一步关注品牌。

（3）针对差评写作解释型回复，解释差评中所提到的问题，安抚用户情绪。

【实训步骤】

（1）写作感谢型回复。感谢型回复要充满热情，积极肯定用户评价的意义，向用户表达感激之情，多使用正面积极的表达，如"满意""轻松自在""惊喜"等。写好的感谢型回复如下。

"亲爱的[用户昵称]，您的满意就是我们的动力！很高兴我们的徒步鞋能够陪伴您的每一步探索之旅，让旅程更加轻松自在。您的好评是对我们工作的认可！期待您再次光临，发现更多户外惊喜装备，祝您生活愉快！"

（2）写作引导型回复。虽然用户给出了中评，但用户提到了商品优点，因此在回复评价时应正面回应优点，可以增强用户对商品的正面印象；针对用户提出的问题，应承认问题、诚恳致歉并解释因设计差异导致尺码偏差，展现责任感；最后，应提供具体的解决方案——建议用户换货，同时引导其关注品牌微信公众号，以增加用户黏性。

"亲爱的[用户昵称]，感谢您对防晒衣透气性能的认可。对于尺码问题，确实不同款式因设计差异可能存在尺码偏差，我们深感抱歉给您带来不便。建议您考虑换货至XL码，我们将承担来回运费。此外，为避免以后遇到类似问题，建议您关注我们品牌的微信公众号，公众号里有智能尺码助手，只需输入身高、体重，即可为您智能推荐适合您的尺码。"

（3）写作解释型回复。对于差评，首先应表达诚挚的歉意，并用感性的话表示理解用户的心情，让用户感受到商家对问题的重视和歉疚；其次，直接承认商品瑕疵问题，不回避，显示商家的诚实和责任感，有助于建立信任；然后展现关怀与不安，缓和用户情绪；最后明确告知将采取的具体补偿措施，并承诺改进。

"尊敬的[用户昵称]，对于背包出现划痕的问题，我们非常抱歉，也理解您的失望心情，毕竟谁都希望收到完美的包包。请接受我们最诚挚的歉意。对于此次瑕疵给您带来的不便，我们可以直接为您申请退款，或者安排换货并承担来回运费。今后我们将加强质量监管，以确保此类事件不再发生。再次对您表示歉意，祝您生活愉快。"

课后习题

1. 现有一款产自广西的百香果，其果实个头硕大、酸甜多汁、果香浓郁，并且坏果包赔（需在24小时以内拍照联系客服，理赔标准=单价×坏果个数）。图4-35所示为该百香果的商品图，请结合商品的特点设计一篇精练简洁的商品详情页文案。

图4-35 百香果商品图

2. 针对一条用户留言："物流速度太慢，而且收到的苹果有好几个是坏的。"撰写一条回复文案，表达歉意、提供解决方案，并适当安抚用户情绪。

3. 为一款高端降噪蓝牙耳机设计商品海报文案。该耳机以卓越的主动降噪技术、超长续航能力和高清音频解析度为亮点。应用直接展示的写作技巧，完成文字部分。

项目 **五**

电商品牌宣传文案的策划与写作

学习目标

【知识目标】

● 掌握品牌名称设计、品牌标语设计的相关知识。

● 掌握品牌故事的类型、写作流程和写作技巧。

【能力目标】

● 能够为品牌拟定朗朗上口、容易记忆、含义深刻的品牌名称和品牌标语。

● 能够写作可读性强，能引人共鸣并传达品牌理念的品牌故事。

【素养目标】

● 意识到传统文化的重要性，提升传统文化素养，挖掘品牌故事创作素材。

● 加强对优秀文学作品的阅读和学习，提升故事写作能力。

引导案例

　　儿童节当天，美团发布名为"有些快乐，大人特供"的品牌故事，讲述两个上班族坐在游乐园的长椅上，羡慕小朋友吃冰淇淋、娱乐的方式很多。但他们又发现，作为成人，自己可以购买更多冰淇淋、肆意玩游乐设施，反而引来了小朋友的羡慕。该品牌故事从上班族的视角出发，用带有反转的小故事表达品牌"不必羡慕小朋友，有的快乐只有长大才能享受"的主张，将美团的外卖、买票、团购等服务融入其中，让年轻人产生情感共鸣，并在潜移默化中加深对美团服务的印象。

　　品牌故事是品牌宣传文案重要的表现形式，需要反映品牌的价值、理念及品牌文化，使用户产生品牌联想。除品牌故事外，品牌宣传文案还包括品牌名称、品牌标语，这二者同样承载着传递品牌精神、反映品牌定位和品牌价值的重任，文案写作者需要认真学习品牌宣传文案的写作。

▌任务一　品牌名称的设计

【任务引入】

在市场竞争激烈的当下，除商品、服务等方面的硬实力竞争外，对于想要获得更高利润和更长远发展的品牌来说，更重要的因素是品牌文化这类软实力。在日常生活中，品牌名称往往是人们记住一个品牌时优先留意与记忆的地方。设计好品牌名称是打造品牌的基础，一个符合商品性能特征又利于传播的名字，有利于增加品牌的知名度和竞争力。

【相关知识】

一、品牌名称的重要性

品牌名称如同一个独特的签名，承载着品牌的身份、价值观和文化理念等核心信息。对于任何一个品牌来说，设计一个合适的品牌名称至关重要。一个好的品牌名称具有以下3方面的价值。

- ◆ **品牌识别**：品牌名称是用户与品牌首次接触的关键元素之一。一个好的品牌名称能够帮助用户快速识别品牌，从而形成独特的品牌印象。这有助于品牌在竞争激烈的市场中脱颖而出，吸引更多用户的关注和认可。
- ◆ **品牌传播**：品牌名称是品牌传播的核心元素之一，会直接影响品牌的传播效果。一个简洁、易记、寓意深刻的品牌名称更容易被用户接受和传播，从而提高品牌的知名度和美誉度。
- ◆ **品牌定位**：品牌名称能够体现品牌的定位和特点，从而帮助用户了解品牌的价值观和理念。这对吸引目标用户，建立稳定的消费群体具有重要意义。

二、品牌名称设计的方法

设计品牌名称就是一个系统工程，需要综合考虑品牌定位、目标市场、文化内涵、法律因素等多个方面。文案写作者可以使用以下方法设计有吸引力的品牌名称。

（一）利用公众名称命名

公众名称通常指那些广为人知的动植物名称、人名、历史事件、文化符号、日常用语等，这些名称已经被储存到用户的脑海中，很容易被用户认可和传播。文案写作者在设计品牌名称时，可以在公众名称的基础上进行编辑与优化。例如，在动物名称的基础上命名的天猫、白象等；在植物名称的基础上命名的小米、蘑菇街、佰草集等；在日常用语的基础上命名的饿了么、去哪儿、什么值得买等。

（二）利用商品的特性命名

利用商品的特性命名是目前品牌命名中常见的方式之一，即归纳品牌行业或者商品类型中最有价值的卖点，或者商品的使用效果，直接用这些作为品牌名称。例如，洗护品牌"立白""汰渍"就是根据商品洗护效果命名的，食品品牌"王饱饱"则是根据食品食用效果命名的。

（三）使用商品或服务命名

使用商品或服务命名是一种直接而清晰的品牌命名策略，可以强调商品或服务的核心特征，有助于用户迅速明确品牌所属行业，如打车平台"T3出行"、租房平台"贝壳租房"、二手车买卖平台"瓜子二手车"等。

（四）以地域为基础命名

以地域为基础命名是一种常见的命名策略，特别是当品牌想要强调其起源、传统或地方特色时。使用该方法命名可以唤起用户的地域情感，为品牌带来独特的身份、信誉和情感连接，如"云南白药""北京同仁堂""上海硫磺皂"等。

（五）使用商品原料命名

在品牌名称中体现商品的原料成分，可以让用户快速了解商品的主要材料，从而更加直观地了解商品的特点和优势，如"真果粒""鲜橙多"等。

（六）以数字命名

以数字命名是一种独特的品牌命名策略，它通过将数字与品牌名称结合，创造了独特且易于记忆的标志。该方法一般将阿拉伯数字或中英文数字加入品牌名字中，让商品品牌名称变得显眼，具有吸睛作用，如"999感冒灵""58同城"等。

（七）使用人物姓名命名

使用人物姓名命名指以历史人物、卡通人物、创始人或设计师等的姓名为品牌命名，如"李宁""毛戈平""张飞牛肉"等。这种命名方法可以借助人物的知名度、影响力和独特性，来提升品牌的认同感和信任度。

任务二　品牌标语的设计

【任务引入】

品牌标语是一个简洁而有力的短语，常在广告、宣传和市场营销活动中广泛使用，用于传达品牌的核心信息、价值观、特色或广告口号。品牌标语的目标是通过简洁而有吸引力的语言，让用户更容易记住品牌，并在市场中建立独特的品牌形象。

【相关知识】

一、品牌标语的写作原则

品牌标语的魅力在于能够在有限的词语中传递丰富的信息，激发用户的情感共鸣，并在市场竞争中塑造独特的形象。在写作品牌标语时，需要遵循以下原则。

（一）简洁明了

品牌标语应该简明扼要，以便用户快速记忆和理解。过于冗长或复杂的品牌标语可能会失去吸引力。例如，拼多多品牌标语"拼着买才便宜"，雀巢咖啡品牌标语"味道好极了"都十分简洁。

（二）独特性

品牌标语应具有独特性，避免使用过于通用或陈词滥调的短语，以确保用户快速区分品牌。例如，百度的品牌标语"百度一下，你就知道"就将名词"百度"化用为动词，令人印象深刻。

（三）具有音韵美

品牌标语应使用朗朗上口、有韵律的语言，让用户容易记忆并愿意反复言说和传播，以提升品牌标语的传播效果。例如，麦当劳的品牌标语"喜欢您来，欢迎您再来！"通过重复使用"您"字，增强对称美和平衡感，形成音韵美；三棵树的品牌标语"三棵树，马上住"中，"树"与"住"押韵，更加悦耳动听。

（四）含义深刻

品牌标语应该具有丰富的内涵，能够超越其字面意义，引发用户的思考，令人回味。例如，蔚来汽车的品牌标语"蔚来已来"就含有属于该品牌的时代即将到来的深层含义。

二、品牌标语的写作技巧

一句简练而深刻的品牌标语不仅是吸引眼球的工具，更是用户与品牌建立深刻连接的桥梁。文案写作者在设计品牌标语时可以使用以下技巧。

（一）直接嵌入品牌名称

直接嵌入品牌名称指将品牌名称与表达品牌内涵和特质的其他词语或短语组合在一起形成品牌标语。通过这种技巧写作的品牌标语能够明确地告诉用户"我是谁，我的品牌代表什么"，能够直截了当地强调品牌身份，有助于用户快速记住品牌。

例如，全家便利店的品牌标语"全家就是你家"，将品牌名称（全家）与品牌的内涵（就是你家）相结合，传达全家便利店希望成为用户日常生活中的一部分，为用户提供便利和舒适的购物环境的含义。通过相同的技巧写作的品牌标语还有美团的"美团，美好生活小帮手"。

（二）使用双关手法

双关手法是一种修辞手法，它利用语言的多义性或音韵相似性创造幽默、讽刺或深刻的效果。在品牌标语的创作中，双关手法可以增加品牌标语的趣味性和记忆点，使品牌信息更加深入人心。

◆ **谐音双关**：基于词语发音相似或相同而形成，利用人们对相似声音的联想能力，创造既有趣又富有创意的效果。例如，联想的品牌标语"人类失去联想，世界将会怎样"中，"联想"一词既指联想公司生产的联想品牌电脑，又指人类思维的一种方式。

◆ **语义双关**：涉及一个词或短语有两个或多个的含义，依赖于语言的多义性创造一个意味深长的效果。例如，得力的品牌标语"得力文具，办公当然更得力"中，前一个"得力"是品牌名称，后一个"得力"有"得益、有效"之意，向用户传递这样的信息——使用得力商品可以使办公更高效。

（三）挖掘商品属性

商品属性指商品本身所固有的性质，是商品不同于其他商品性质的集合。商品常见的属性包括历史、原材料、产地、工艺等。文案写作者可以挖掘商品的属性，即找到具有差异性或优势的某一个属性作为商品的核心诉求点，如新技术、独家工艺、独特秘方等，然后通过文字的阐述与概念的引导，最终形成独特的品牌口号。例如，某纯棉家纺的品牌标语"纺自然棉，穿贴身衣"，说明商品的材质是"自然棉"。又如，某调料品牌的品牌标语"厨邦酱油美味鲜，晒足180天"，说明商品的工艺十分讲究。

（四）塑造场景

在撰写品牌标语时，塑造场景是一种有效的技巧，它能将用户带入一个具体的情景中，激发他们的想象和情感，从而与品牌建立更深层次的联系。文案写作者在进行场景化的品牌标语创作时，可以根据商品或服务的特点，构思一个典型使用场景（即用户在使用商品或服务时最可能出现的情况），使用动词或形容词描绘场景中的活动，如溜溜梅的品牌标语"没事儿就吃溜溜梅"，红牛的品牌标语"困了累了喝红牛"等。

任务三　品牌故事的写作

【任务引入】

品牌故事是电商品牌宣传文案的主要类型，这是因为故事易被用户接受，一个生动的品牌故事可以引起用户的情感共鸣，以及对品牌文化的深切认同。一个好的品牌故事不仅要赋予这个品牌个性，也要向用户传达品牌精神。作为文案写作者，品牌故事的创作也是需要掌握的技能之一。

【相关知识】

一、品牌故事的类型

品牌故事有不同的类型和不同的写作方式，对于电商文案来说，则主要有以下4种类型。

（一）历史型

品牌存在时间的长短是用户评判品牌优劣的标准之一。在漫长岁月中，只有优秀的品牌才能留存下来，并做到历久弥新。历史型品牌故事主要通过展示该品牌从创建到现在的相关事迹，间接地显示品牌经得起时间和用户的检验，如图5-1所示。

悠久的历史

同仁堂品牌始创于1669年(清康熙八年)。自1723年(清雍正元年)为清宫供御药，历经八代皇帝长达188年。

1949年新中国成立，使饱经沧桑的同仁堂获得了新生。1992年中国北京同仁堂集团公司组建，并于2001年改制为国有独资公司，现代企业制度在同仁堂集团逐步建立完善。

1997年旗下同仁堂股份在上海上交所上市，2000年同仁堂科技在香港联交所上市，2013年同仁堂国药在香港联交所上市，同仁堂集团整体实力跃上了新台阶。

2019年全面落实党中央关于发展中医药事业的决策部署，着眼于"两个一百年"奋斗目标，谋划同仁堂集团新时代发展的战略思路，聘请第三方专业公司开展战略咨询，开启了迈向高质量发展的新征程。

图 5-1　历史型品牌故事

点评： 该品牌故事按照时间的先后顺序，清晰地描绘了同仁堂的历史轨迹，使用户能够轻松理解品牌的发展历程。品牌故事抓住几个重要的历史节点，如品牌的创立、为清宫供御药、新中国成立对品牌的影响、旗下公司的上市等，重点突出、线索清晰。此外，该品牌故事不仅回顾过去，还规划和展望未来，展示品牌的长远眼光和追求。总体来说，这篇品牌故事充分展现了同仁堂深厚的历史底蕴和对未来的坚定信心，属于典型的历史型品牌故事。

在电商领域，很多品牌都没有悠久的历史，因此文案写作者可以根据商品的传承写作历史型故事。如果商品是新研发的，则可以根据商品类型的发展写作品牌故事，如一款新型的茶饮料，可以从茶的品种历史作为切入点写作品牌故事。

（二）人物型

人物型故事也是品牌故事的重要类型之一，这里的人物主要包括品牌的创始人、品牌的管理人员或者普通员工、品牌用户等。

1. 品牌的创始人

每一个品牌的创始人通常会经历一个艰苦奋斗的过程，在多次失败后才能成功，把这些经历写作成一个品牌故事，能带给用户正能量，表现该创始人通过自己的努力，用自己的品牌和商品改变人们的生活，带给用户幸福和快乐的精神。例如，下面这则华莱士的品牌故事。

华莱士创始人华怀余和华怀庆两兄弟，早年卖过领带，开过鞋厂，也摆过地摊。1994年，麦当劳和肯德基进入福州市场，吸引了大批顾客。华氏兄弟看到西式快餐的商机，于2000年创办"华莱士"，快餐店开在福建师范大学门口。

最初，华莱士模仿肯德基和麦当劳的经营模式，但很快发现销量很低，日均营业额只有2000元左右。华氏兄弟开始意识到，单靠刻意模仿是走不长远的。于是，他们开始调整战略，走出了一条适合中国国情的路线，即在保证服务和口味的前提下，让价格更亲民。

战略定好之后，华氏兄弟开始大刀阔斧地改革。在门店选址的时候不考虑中心商圈，瞄准租金比较低的地段；减小门店面积，摒弃儿童乐园，让店里的每一寸都能有较大的生产效益。在原材料的运输链上，华氏兄弟下足功夫，要求严格按照规范流程进行操作，除保障商品的品质外，还能避免材料不新鲜所造成的不必要的浪费。

找到属于自身的发展道路后，华莱士得到迅速的发展，短短几年内各地分店犹如雨后春笋一般，飞速生长。今天的华莱士拥有一批忠实粉丝，入选"第十届中国品牌价值500强"，成为中国西式快餐品牌的代表之一。

点评： 华莱士的品牌故事以人物为核心，深挖创始人华怀余和华怀庆两兄弟的创业精神，巧妙地将品牌的发展历程与二人的奋斗史紧密结合。故事突出了他们面对竞争和挑战时的市场洞察能力与战略调整的智慧，以及通过创新改革实现品牌差异化的重要决策点，叙述紧凑精练。

2. 品牌的管理人员或者普通员工

这种品牌故事通过描述普通人的人生经历或闪光点展示品牌的内部文化和价值观，让用户更深入地了解品牌。同时，这些人物的经历和努力可以引起用户的情感共鸣，凸显品牌的专业性和团队精神，增强用户对品牌的信任感。以下为以京东客服人员为主角的品牌故事。

新年开工第一天，小编的同事就收到了来自北京李阿姨的表扬信。李阿姨今年70多岁，家中有病人常年住院，需要经常探望。春节前，医院联系说病人的剃须刀坏了，建议买个新的。李阿姨担心过年快递停运，一时不知在哪儿买合适。院方建议在京东购买，当天下单一般第二天就送到了。于是李阿姨选择了收货日期并下单。结果在收货日期的前一天货品还没出库，阿姨有点担心送不到。"这大过年的别出问题。"李阿姨的心里泛起了嘀咕，同时更让李阿姨担心的是怕自己联系不到客服人员。

怀着忐忑的心情，李阿姨拨通了京东的客服热线，长辈专属客服小高接到了这通来电。小高耐心地了解了李阿姨的需求，先安抚李阿姨不要着急。由于春节期间物流压力较大，送货速度比平时慢一点。为确保李阿姨货品准时送达，小高在听取李阿姨对剃须刀的选购需求后，帮助李阿姨重新挑选了一款适合的剃须刀，同时协助李阿姨退掉了之前下单的商品。在这个过程中，小高同步联系北京仓库确认，以确保李阿姨新下单的商品在仓库有现货；最后，小高还不忘联系京东物流运输部门，确认当天下午可送达。听到这个消息的李阿姨，悬着的心终于放下来了。

到此，小高的服务还未结束，为保证李阿姨准时收货，他全程跟进商品出仓、运输，以及配送的情况。同时也不忘帮李阿姨盯着，确保之前李阿姨购买的商品退款能够顺利到账。细心的小高还注意到李阿姨购买的剃须刀不附赠充电头，于是提醒李阿姨在探望病人时带上充电头，防止商品因缺少充电头无法使用。最终，李阿姨在下午收到了商品，并且十分满意。

信中，李阿姨写道："3543××号客服小哥，是我遇到的最好的客服，我们老年人，不太会在网上订货，遇到问题不知道该怎么办，遇到这么耐心、暖心、有责任心的小哥是我的幸运。就凭你们这么好的服务，以后我会用实际行动多多支持京东的，因为有这么好的服务人员，我放心！"

点评： 这篇品牌故事巧妙地讲述了一个贴近生活、充满人情味的小故事，通过具体的人物（用户李阿姨和京东客服人员小高）和生动的情节（如剃须刀购买、退换货、物流跟进等），真实地展现了京东的服务理念和员工的职业精神。故事中情感的渲染恰到好处，使人能够感受到李阿姨的焦虑与感激，对细节的描写也非常到位，如李阿姨担心快递停运、联系不到客服等，使得故事更加真实可信。

3. 品牌用户

品牌用户是品牌故事中最具说服力的角色之一。他们的使用体验、情感连接，以及品牌如何改变他们的生活的故事，能够为品牌提供有力的口碑证明。通过讲述用户的故事，品牌不仅能够吸引潜在用户的关注，还能够增强现有用户的忠诚度和归属感。

图5-2所示的品牌故事"老王的压桌菜"就讲述了老王一家与京东超市的故事。离过年还有一个月，老王和老伴为在年夜饭上给儿子惊喜，决定将帝王蟹作为压桌菜。为节省经费，老王在逛海鲜市场时提前购入帝王蟹，没想到帝王蟹还是在春节前死掉了。在一筹莫展之时，他注意到儿子买的年货中有京东超市的标语，于是他重新在京东超市购买帝王蟹，最终在年夜饭上为家人呈现了一道美味的大餐。

图5-2　京东超市品牌故事

点评： 该品牌故事聚焦盼望儿女归家的父母，通过对比传统逛菜市与京东超市购物，让用户感受到京东超市在提供便宜好货方面的优势。同时，短片还通过设计两代人之间的互送关怀——儿子在京东超市购买年货与父母在京东超市购买帝王蟹，进一步凸显京东超市在节日中为用户带来的温暖与关怀。

（三）传说型

传说型故事主要通过讲述一个传说故事或神话故事表现品牌特征，这个故事既可以是流传至今的故事，也可以是编撰加工的故事。例如，某品牌的故事讲述了一个状元与烤猪蹄的传说。

民间传说，云南西双版纳有个落魄秀才进京赶考，因囊中羞涩，没有银两住客栈，只好借宿一个屠户家中。秀才晚上饥肠辘辘，只好起床寻觅食物，寻找半天也没有发现可吃的东西。他突然发现屠户宰杀猪后剩下的几个猪蹄散落在地上，于是赶紧捡了起来，点上一堆柴火进行烧烤。不料烤蹄竟然异香扑鼻，味美绝伦，食之唇齿留香，令秀才精神大振。

之后，秀才发奋备考，在科举考试中一举夺魁，成为当年的状元。状元高中后返乡，为答谢屠户借宿，前往屠户家中拜访，并回敬屠户重礼一份。屠户打开一看，竟是秀才亲手烧烤的猪蹄，以答谢屠户的恩情。从此，状元烤蹄便流传了下来。

点评： 该品牌故事巧妙地结合各种历史元素，构建了一个充满传奇色彩的叙述框架，故事情节紧凑、跌宕起伏，通过描绘秀才借宿屠户家中、饥饿中发现猪蹄、烧烤猪蹄的美味，以及最终成为状元并感谢屠户的过程，吸引用户的注意力。故事融入中国传统文化中的感恩报恩的美德，体现深厚的文化底蕴。

> **素养提升**
>
> 我国的传统文化博大精深，为文案写作者提供了无尽的素材库。在构建品牌故事时，可以从古典诗词、民间传说、艺术风格和建筑元素中汲取灵感，将传统文化智慧与现代品牌理念相结合，创作既富有文化底蕴又具备时代感的品牌故事，给用户带来深刻共鸣和独特体验。

（四）理念型

理念型品牌故事主要强调品牌的核心价值观、使命和愿景。它通过讲述与品牌理念相契合的故事展现品牌的精神内核和追求的目标。这类故事往往不会过分依赖具体的商品或服务，而是侧重于品牌所代表的更深层次的意义和社会价值。例如，下面这则且初的理念型品牌故事。

2018年初，且初诞生于上海，成立且初实验室。我们发现因为生活习惯和个体差异不同，用户对洗护产品有着截然不同的功效期待和使用偏好。且初认为，应该尊重每一个微小而确切的需求，为用户提供能够切实解决个护痛点、真实改善肌肤问题的功效产品……

点评： 该品牌故事以品牌理念为切入点，讲述了品牌及其实验室创立的缘由，点出了品牌的定位，有助于加深用户对品牌的认知。

二、品牌故事的写作流程

写作品牌故事并非随意地讲述一个故事，而需要遵循一定的章法，以确保故事的连贯性、吸引力和共鸣力。

（一）收集信息

要想写作优秀的品牌故事，就需要深入地探究与分析品牌和商品本身，了解品牌和商品的定位、文化内涵、需要表达的诉求、品牌和商品面对的消费群体、竞争对手等问题。表5-1所示为文案写作者写作品牌故事时可以收集的相关资料信息。

表5-1　品牌故事相关资料信息

信息类型	具体信息
企业信息	品牌创始人的个人经历，品牌的创办动机和创办历程，商品设计、研制和开发的历程
商品信息	商品的卖点和性能特征，商品的生产过程，商品的材料、工艺和情感附加值，商品的使用体验和感受
用户信息	消费群体的定位，消费群体的个性特征，代表消费群体的特定用户（名人明星）的消费故事，用户的情感故事和特别使用体验
竞争对手信息	竞争对手的品牌故事，竞争对手的缺陷，竞争对手的文案信息
其他信息	社会热点，传统文化

（二）提炼并确定主题

在收集到足够的信息后，文案写作者需要提炼这些信息，找出品牌故事的主题。主题指品牌故事内容的主体和核心，能够准确地传达品牌的理念和价值观，同时引起用户的共鸣。

主题的深浅与表现往往决定了故事价值的高低，文案写作者从品牌故事的整体层面出发，将主题融合在人物形象、情节布局、环境描写和语言技巧中。例如，京东超市品牌故事"老王的压桌菜"表面上的主题是父母对儿女的思念与爱意，但该故事通过情感叙事的方式，侧面传达了一个暗含的主题——京东超市在提供便利和实惠方面的优势，让用户在感动中自然接受品牌相关信息。

（三）撰写初稿

在撰写初稿阶段，文案写作者需要根据提炼的主题确定故事框架，开始进行具体的故事创作。在这个过程中，文案写作者可以运用各种写作技巧，如情节设置、人物塑造、对话构建等，让故事更加生动、有趣。同时，也要注意保持故事的连贯性和逻辑性，以确保用户能够顺利地理解故事的内容。

（四）修改稿件

在写作品牌故事的过程中，可能会因为语言组织不当、逻辑不通等造成故事阅读不流畅。文案写作者不仅需要在写作过程中仔细斟酌用词，选择适合品牌主题且能够表达品牌理念的词语或优美的句子，还要在写作完成后通读和校对稿件，修改稿件中的错误，保证稿件中没有错别字、语法错误等。某茶叶品牌故事修改前后的内容如下。

修改前的品牌故事

在云南，有一片神秘的土地，那里是茶的故乡。这里的人们世代以种茶为生，他们精通茶叶种植。这里的茶树生长在高山上，山上云雾缭绕，阳光透过云层洒在茶叶上，使得茶叶蕴含着丰富的营养和独特的香气。这里的土壤肥沃、水源纯净，对茶叶而言是很好的生长环境。这里的茶农们辛勤劳作，用心呵护每一片茶叶，并用传统工艺制作出品质上乘的茶叶。××品牌就从这里诞生，它致力于将这片土地上的优质茶叶销售给各地的人们，让他们都能感受茶的魅力。

修改后的品牌故事

在云南，有一片富饶的土地，被誉为茶的故乡。这里的茶农们将种茶技艺世代相传，用心守护每一片茶叶，继承千年的茶文化。在这片高山之巅，茶树沐浴在阳光下，云雾缭绕，茶叶吸收着天地之间的灵气。这里的土壤肥沃、水源纯净，为茶叶提供良好的生长环境。茶农们辛勤劳作，采用传统工艺制作出品质上乘的茶叶，每一泡茶都充满了对大自然的感恩和对茶文化的敬畏。××品牌就是这片土地上诞生的茶品牌，它致力于将这片土地上的优质茶叶带给各地的人们，让他们品味茶的魅力。

点评： 通过修改，这个品牌故事在语言上更加精练和流畅，避免了冗长和复杂的句子结构，使得整个故事更加易于理解和阅读。此外，修改后的故事更加突出茶农们对茶叶的用心呵护和对大自然的感恩之情，更能够引起用户的共鸣。

（五）定稿发布

当故事被修改到满意的程度后，文案写作者就可以进行最后的定稿和发布。在这个阶段，需要注意发布的平台，以确保目标用户能够方便地阅读品牌故事。例如，将品牌故事以图文形式发布到官方微博中，并号召用户转发，以扩大品牌故事的传播范围。

三、品牌故事的写作技巧

要想撰写出令人难忘的品牌故事，就需要巧妙地运用语言写作技巧，在故事中融入品牌的核心理念、历史背景及商品特点，同时要注重情感共鸣和叙述的流畅性。因此，掌握品牌故事的写作技巧十分重要。

（一）制造冲突和转折

在品牌故事中制造冲突和转折，使故事更加紧张和引人入胜。为制造有效的冲突和转折，文案写作者需要注意以下3点。

◆ **开头设定明确的冲突：** 在故事开头明确冲突的存在，为用户提供明确的预期和期待。

◆ **突出转折点的意外性：** 转折点的出现应该具有意外性，打破用户的预期，以增加故事的吸引力和紧张感。

◆ **冲突和转折要推动故事发展：** 冲突和转折不仅要具有吸引力，还要推动故事的发展。

谷粒多发布的一则品牌故事就成功地制造了冲突和转折，具体内容如下。

临时客服也是客服，一切困难都能克服。注意看，这个女人叫小美，是个临时客服，平均每天要解决286个客户问题。不出意外的话，她的肚子已经扛不住了（画面显示"记得吃饭！"，见图5-3）。

这个男人叫小帅，是个金牌码农，他看着起起伏伏的数据，不出意外的话……又出意外了，年纪轻轻的他身体已经扛不住了。

"努力！奋斗！"，这个大喊大叫的男人正是男主尹天谷，他是公司的王牌销售，可他怎么意外地精神饱满？原来这里要植入了——嗯，是谷粒多燕麦牛奶。

补充能量后，尹天谷带他们去了"谷粒多·实粒陪你扛"的活动现场。此时，小美在打卡拍照，拥有主角光环的尹天谷必获一等奖……11月9日至11日，用拼多多搜索"谷粒多喜剧之王参与打工人'谷粒'行动"，你将有机会赢免单哦。今天的解说就到这里，我们下期再见。

图5-3 谷粒多品牌故事

点评： 这段品牌故事在开头就为小美和小帅设置了冲突——身体与工作责任的冲突，以吸引用户的注意力；再通过精神饱满的尹天谷与二人形成反差，而后引入品牌及其商品（品牌故事多追求软植入，这里反其道而行之，直接提醒用户"要植入广告了"），并将人物带往品牌活动现场，通过这些与前面情节毫无关联的场景制造一个出人意料的转折，从而给用户留下深刻印象。

（二）使用非常规的视角

通过打破常规，选择一个不同寻常的角度讲述品牌故事，可以吸引用户的注意力，使故事更具吸引力和影响力。

使用非常规的视角意味着从一个与众不同的、非传统的或者非预期的角度展现品牌。这可能涉及从一个特定的群体、一个特定的情境或一个意想不到的时间点出发，揭示品牌背后的故事或价值。

例如，一个环保品牌的故事从一个被忽视的自然环境或野生动物的视角讲述。通过它们的视角，可以生动地展现品牌对环保事业的承诺和贡献，以及品牌是如何致力于保护地球和生态系统的；一个时尚品牌故事从一个设计师或者一个模特的日常生活和创作过程入手，展现品牌背后的灵感来源和创意过程。这样的视角可以让用户更加深入地了解品牌的创作理念和独特之处。

某电商平台在新年来临之际，发布了下面一则使用非常规视角的品牌故事"新年第一单"（见图5-4）。

我是一件物品，对，一件普普通通的物品，但每年的这个时候就变得不那么普通。新年好，因为我是你新年下单的第一件物品。

还记得我是谁吗？我是给妈妈的取暖器。因为只有去了北方的你，才会发现没有暖气的长沙老家，冬天真的很冷。

我是你买给自己的专业书，书里写着，你一定会靠自己的努力在这座城市扎根。

我是他送的那副耳罩，我是你送给爷爷的新手机……

我是你新年下单的第一件物品。不，我是你新年第一份对妈妈的暖心，给自己立的目标，一些感动，一些日常，每一点长大，每一种生活，每一个期待。当零点钟声敲响，无数个我又将在路上和下一个新年一起开启你新的故事。

图5-4 "新年第一单"品牌故事

点评： 这段品牌故事采用的是物品的视角，把物品作为第一人称，讲述物品是如何陪伴人们生活和成长的；将物品拟人化，赋予每一件商品情感和故事背景，使其不再是冰冷的物品，而是承载着用户对家人、对自己的关怀与期望。这样的叙述方式能够触动用户的情感，增强用户与品牌的情感联系。

（三）创造有情感共鸣的场景

在品牌故事中，可以创造一些能激起用户情感共鸣的场景，如温馨的家庭聚会、浪漫的约会、充满激情的工作瞬间等。这些场景可以让用户联想到自己的生活经历和情感体验，从而与品牌产生情感上的共鸣。

雀巢咖啡发布的一则品牌故事创造了多个家庭的温馨场景，具体内容如下。

女儿：每到过年，我家里人都会不停提醒我。除夕更要提醒。

母亲：哎，醒醒，快点，这个提神（画面中母亲递上雀巢咖啡），守岁不能睡觉。

女儿：有些提醒听不腻。

母亲：又没穿秋裤。

女儿：我又不是小孩了。

母亲：你在妈面前永远是孩子。

女儿：有些提醒忘不了，如要记得提醒妈妈，她其实很美（画面中母亲穿上新衣服与女儿合照）。

母亲：哎呀，你这个皮太厚了，那馅多打点（画面中母亲喝着雀巢咖啡，在一边指导父女二人包饺子）。

女儿：这些提醒挺吵的，也挺好的。

母亲：年过完了，回去该忙忙。

女儿：那你可别想我。

母亲：我可不想你，你走吧。车上看着点自己的包，衣服要把正面翻里头放。

女儿：反复提醒你的人也反复牵挂着你。新的一年，把爱化作一句提醒。雀巢咖啡，提醒每一天。

点评： 这段品牌故事以春节这个全家团聚、充满团圆情感意义的时刻为背景，通过提及除夕守岁、穿新衣、包饺子等传统习俗，唤起用户对家庭和节日的温馨记忆。此外，该品牌故事聚焦于每个年轻人都有共鸣的生活场景——母亲无微不至的提醒，通过温馨的家庭场景和真实的母女关系，成功触动用户的情感。

（四）揭示人物心理

人物的行为是故事的表面现象，人物的心理才是故事发展的内在依据。描写人物的心理即描写人物内心的思想活动，以反映人物的内心世界，揭露人物欢乐、悲伤、矛盾、忧虑或希望的情绪，从而更好地对人物性格进行刻画。

可用于人物心理描写的方法有很多，其目的都是表现人物丰富而复杂的思想感情，让故事更加生动形象和真实，表达自己的看法和感受。

1. 内心独白

内心独白是一种常用的揭示人物心理的描写方法，以第一人称描述为主，是人物倾诉内心情感、透露心理活动的重要手段。内心独白的表达方式较多，既可以通过一整段话表达内心所想，也可以通过其他方式表示。例如，某服装品牌的品牌故事以一段内心独白开头，内容如下。

我记得那是一个4点09分的清晨，我从梦里醒来。

突然的清醒让我意识到，黎明是有声音的。

我开始在想，

有什么是24小时会一直陪伴我们的呢？

点评： 这段独白展示了人物内心的真实感受和思考过程。通过直接呈现人物的内心世界，用户能够更深入地了解人物的情感状态和心理活动。

2. 动作暗示

除内心独白的方式外，还可以通过恰当的动作暗示传达人物的心理活动。例如，"他手指不自觉地敲打着桌面，眼神飘忽不定"可以暗示人物紧张不安的心情，"他的眉头紧锁，嘴角抽动着，双手紧握成拳"可以暗示人物激动的心情。

3. 心理概述

心理概述通过第三人称的方式，以旁观者的身份剖析、评价人物的内心活动，它不但可以细腻地表现人物当时的心理活动，还能在展开故事情节的过程中描述人物的感情变化，是一种比较灵活的描写方式。典型的心理概述有"她感到一种莫名的焦虑""他的心里像是有一只小猫，时不时地挠着他，让他无法平静。他不断地想着那个问题，试图找到答案，但越思考，心中的疑惑就越深"等。

✍ **素养提升**

文学作品往往蕴含着丰富的情感、深刻的人性洞察，以及高超的叙事技巧，这些都是构建引人入胜的品牌故事所需要的要素。文案写作者应该多阅读优秀文学作品，不断汲取养分，从而提升自己写作品牌故事的能力。

（五）打破传统的叙事框架

打破传统的叙事框架是一种创意性的写作技巧，能够为品牌故事增添新鲜感和独特性。打破传统的叙事框架可以通过以下方式实现。

1. 非线性叙事

打破时间顺序，采用倒叙或插叙的方式讲述故事。这种叙事方式能够吸引用户的注意力，增加故事的悬念和神秘感。例如，品牌故事"大人请回答"（见图5-5）以倒叙开头，老师对主角的质问"你为什么拿别人手机"让人误以为事件的起因是主角在捣乱。而后剧情从老师与主角之前的初识讲起，逐步讲述二人相处的细节，慢慢揭开了故事开头留下的疑团——主角不舍得老师离开，但他不擅长表达，只能用各种奇怪的行为表达自己的不舍。

图 5-5 "大人请回答"品牌故事

点评：该品牌故事通过倒叙开头，制造了一个小冲突，让故事充满了叙事张力。而且倒叙为整个故事增添悬念，使用户对故事的发展充满期待。此外，倒叙使得故事的发展更加紧凑，让用户在开始时就了解到主角的问题，然后随着故事的展开，逐渐揭示了问题背后的原因和解决方案，这种设计使得故事的发展更加连贯和引人入胜。

2. 多角度叙事

通过多个角色的视角讲述故事，每个角色都有自己独特的经历和感受。这种方式能够丰富故事的层次感，让用户从不同角度理解品牌的价值和意义。

例如，淘宝发布的一则纪录片形式的品牌故事"宝贝，谢谢你！"（见图5-6），依次为各地不同产业带上劳作的人们颁奖并采访他们，包括平度假睫毛商家、南昌文房四宝产业带生产者、景德镇烧瓷工、义乌小商品商家等。每个获奖者的获奖感言风格各异，有文艺的，如平度假睫毛商家将假睫毛比作黑色的烟花，假睫毛的诞生是为了让所有人都能平等地获得美丽。有充满哲理的，如毛笔生产者说："这做笔呀，跟做人一样，要有耐心，不能着急。"该品牌故事以一段抒情的文案结尾：假如生活是一首诗，那么淘宝上来自不同地区和产业带的宝贝们就是这首诗里无数微小但璀璨的繁星。淘宝感谢宝贝们为生活带来的诗意。

图 5-6 "宝贝，谢谢你！"品牌故事

点评：该品牌故事聚焦产业带上的不同个体，展现他们的创作过程、想法和付出，让用户更加了解这些商品背后的故事和努力。他们代表不同地区和行业的劳动者，对应不同的视角，组合在一起就构成一幅电商产业生产者的群像，很好地反映当代劳动者的勤劳踏实及工匠精神。而淘宝对他们的感谢与歌颂也体现了温度和关怀，给用户留下良好的印象。

3. 混合现实与虚构

将现实事件与幻想情节相结合，创造一个富有想象力的故事世界。这种叙事方式能够激发用户的好奇心和创造力，使品牌故事更具吸引力。

例如，飞猪旅行"人生酷地图——裂缝"品牌故事（见图5-7）讲述一个上班族女孩的南极之旅。一天，她拖着疲惫的身体回到家，面对的是冰箱里发霉的食物和一连串的工作消息，感觉对生活失去热情。她一不小心摔倒在地，地面突然裂开一道缝，她掉入缝中，来到一个码头。此时，一个活泼的女孩出现，与她一起登上"飞猪旅行"号邮轮去往南极。途中她们一起看海豚、冰川、海豹，在同伴的带动下，上班族女孩也变得越来越开朗。二人一起穿过雪地看极光。就在上班族女孩抬头看见极光想指给同伴时，她才发现雪地上只有自己的脚印，原来一路上陪伴她的是那个曾经快乐的自己。经过这次南极之旅，她重新找回对生活的热情。

图5-7 飞猪旅行"人生酷地图——裂缝"品牌故事

点评：该品牌故事从一个典型的现实生活场景开始，描述一个上班族女孩面对的日常生活压力，地面裂缝和码头的出现是明显的虚构情节。这种超现实的转折为故事增添神秘色彩，并引导用户进入一个幻想世界，即南极之旅。南极之旅充满奇幻元素，如观看海豚、冰川和海豹，这些都是现实生活中难以实现的体验。故事的高潮在于主角发现一直陪伴她的活泼女孩其实是自己的内在映射。这个揭示将现实与虚构紧密地交织在一起，传达出一个深刻的信息：真正的旅行是对内心的探索。

4. 互动式叙事

让用户参与故事发展中，通过选择不同的情节走向影响故事的结局。这种叙事方式能够增强用户的参与感和沉浸感，使品牌故事更具互动性和趣味性。

5. 开放式叙事

不给故事设定明确的结局，留下悬念或提出问题，鼓励用户自行想象和探索。这种叙事方式能够激发用户的思考和联想，使品牌故事更具启发性和延展性。

▌项目实训　为家具品牌写作品牌宣传文案

【实训背景】

陈松是一位热爱木工的匠人，出生于浙江杭州。他于2023年开设自己的网店，主打手工家具，收益较为可观。为获取更多利润，他决心走品牌化道路，成立自己的家具品牌，品牌理念是追求自然、环保、品质生活。由于品牌刚成立，没有名气，甚至还没有合适的名称，因此陈松决定安排员工小娜为自己的品牌写作品牌宣传文案用来宣传。

【实训要求】

（1）为该品牌确定品牌名称并写作品牌标语。

（2）收集相关资料，为该品牌写作有吸引力的品牌故事。

【实训步骤】

（1）确定品牌名称。小娜使用各种品牌名称取名方法，为家具品牌确定了几个名称，如表5-2所示。

表5-2　拟定的品牌名称

品牌名称	命名思路
绿颂家居	强调品牌的环保理念，同时"颂"字传达了对美好生活的赞美和追求，与家具的舒适性和品质感相契合
悦享家	用家具的特性命名，强调家具带来的愉悦享受
江南木艺	借助创始人家乡"江南"这一地域名称，暗示品牌具有传统工艺和美学特质
悦木生活	"悦"字表达了使用家具所带来的愉悦感受，"木"字则指向家具的原材料，整体传达出自然、舒适的生活理念
艺家	结合"艺术"和"家"的元素，表达品牌对美学和家庭的重视，简短而有力

小娜和陈松比较后认为，悦木生活这个名称既能反映品牌理念，又比较上口、容易记忆，因此将悦木生活作为最终的品牌名称。

（2）写作品牌标语。小娜根据品牌标语的写作原则，使用不同的写作方法写作几个品牌标语，如表5-3所示。

表5-3 写作的品牌标语

品牌标语	写作思路
悦木，生活之美	直接嵌入品牌名称，强调"悦木生活"品牌带给用户美好的生活体验
悦木，归家	"归家"不单指物理上的回家，也代表心灵上的安定和属于自然的恬静生活方式，让用户能够立即想象使用"悦木生活"家具的生活场景，激发他们对品牌的好感和购买欲望
悦木，悦享生活	使用双关手法，"悦"既是品牌名的第一个字，又可以理解为一种愉悦的情感状态，可以传达出使用"悦木生活"家具所带来的快乐和满足感

小娜和陈松比较后认为，"悦木，悦享生活"品牌标语朗朗上口、有一定的深意，而且与品牌名称形成呼应，能加深用户对品牌的印象，因此将其作为最终的品牌标语。

（3）为写作品牌故事收集资料。小娜深入地了解了"悦木生活"的品牌背景、商品特点、目标用户，以及市场竞争对手等信息，收集的品牌信息如表5-4所示。

表5-4 收集的品牌信息

信息类型	具体内容
品牌信息	"悦木生活"始于一个小型木匠工坊，由热爱木工的匠人陈松创立。品牌始终坚持使用传统手工艺和环保材料，致力于为用户打造温馨、舒适的家居环境
创始人信息	陈松，杭州木匠，面对家族木工工坊的衰落和市场的挑战，他坚守传统工艺，开设网店推广手工家具。在经历市场冷遇后，他洞察到用户对自然、环保生活的渴望，于是将这一理念融入家具设计，逐渐赢得口碑。最终，他创立了自己的品牌，将传统木工技艺与现代生活理念完美结合
商品信息	家具设计独特，每一件都融入了匠人的心血和创意。家具材料均来自天然木材，以确保商品的环保性
用户信息	主要面向追求品质生活、注重环保和舒适度的消费群体
竞争对手信息	市场上存在大量家具品牌，但"悦木生活"的独特之处在于其传统手工艺和环保理念

（4）确定品牌故事的主题。小娜结合"悦木生活"的品牌理念、陈松个人创业经历等，将品牌故事的主题确定为"坚守与创新——传统木工的现代复兴"。这个主题强调陈松在面对困境和挑战时，如何坚守传统木工技艺，并通过创新将这些技艺与现代生活理念相结合，实现品牌的创立和发展。它不仅体现了陈松个人的成长和转变，也展示了传统工艺在现代社会中的价值和魅力，能够激发用户对品牌的共鸣和认同，传递品牌的核心价值和愿景。

（5）写作品牌故事的初稿。小娜根据之前收集的资料和确定的品牌故事主题，写作品牌故事初稿，初稿框架如下。

一、引言

简短介绍陈松的背景和木工情缘，为故事做铺垫。

二、传承与挑战

讲述陈松家族木工工坊的辉煌与衰落，凸显传统木工技艺面临的困境。

描述陈松面对困境时的挣扎和困惑，以及他如何坚持对传统木工的热爱。

三、转型与突破

叙述陈松开设网店的决定，以及初期市场的冷漠和挑战。

讲述陈松如何洞察市场需求，将环保理念融入家具设计，并逐渐赢得用户的认可。

四、品牌的诞生与未来展望

阐述陈松如何将传统木工技艺与现代设计理念相结合，打造独特的家具系列。

叙述"悦木生活"品牌逐渐在市场上崭露头角，成为备受瞩目的家具品牌。

展望未来，讲述"悦木生活"如何继续引领家居潮流，传承木工文化。

（6）修改初稿。初稿稍显生硬，为让其更加生动、有吸引力，需要使用更加生动的表述，充实故事细节。另外，还可以揭示人物心理，展现创始人的内心真实想法，表现创始人对家具的热爱，以引发用户的共鸣。

（7）定稿。小娜在修改后将品牌故事交给陈松审批，审批通过后的品牌故事如下。

在杭州的老城区，夕阳洒在一家不起眼的小木工作坊上，窗棂上映出了一个专注的身影——陈松。他手中的木刀舞动得流畅而有力，木屑在他的脚下轻轻飘落，这是他与木工的不解之缘。

陈松的家族木工工坊曾显赫一时，但如今，随着机械化的冲击，工坊日渐冷清。陈松的爷爷曾骄傲地告诉他："这双手，就是我们家的根。"但如今，这双手已经布满皱纹，显得无力而苍老。陈松站在空荡荡的工坊里，心中五味杂陈。他想起小时候看着爷爷熟练操持木工工具的情景，那种对木工的热爱和敬意在他心中油然而生。

一天，陈松在网上看到一篇关于环保家具的文章，他灵机一动：为何不将环保理念融入家具设计中，借助网络平台推广呢？于是，他决定开设自己的网店，将这份对木工的热爱转化为创业的动力。

起初，陈松的网店几乎无人问津。他焦急地等待着每一个订单，但往往都是失望而归。然而，他并没有放弃。他深入研究市场需求，不断尝试新的设计理念。他选择了天然木材作为原料，注重每一个细节的处理，让每一件家具都充满自然之美和匠心独运。

终于，在一个阳光明媚的早晨，陈松收到了第一笔订单。他激动得几乎要跳起来，双手颤抖着打开邮件，认真确认每一个细节。他知道，这是他木工之路上的一个转折点。

随着订单的逐渐增多，陈松的信心也越来越足。他开始与用户互动，倾听他们的需求和建议，并不断改进自己的设计。他的家具不仅赢得了用户的认可，更在市场上树立了自己的独特风格。

经过多年的努力和积累，陈松终于创立了自己的家具品牌——"悦木生活"。品牌名称的灵感来源于他对木工的热爱和对生活的理解："悦木"，既是对木工技艺的致敬，也是对自然之美的赞美；"生活"，则是对家具最终归宿的期许。

"悦木生活"的每一件家具都是陈松和他的团队精心雕琢而成的艺术品。他们注重对每一个细节的处理，让家具不仅具有实用性，更成为家居空间中的一道亮丽风景。

陈松相信，只要坚持创新和品质，他的品牌就能在市场上立于不败之地。他期待着更多的用户能够了解和欣赏传统木工技艺，让这份瑰宝在新时代焕发新的光彩。

 课后习题

1. 根据本项目所学的知识，利用网络或图书馆渠道收集关于永久自行车的相关历史发展过程，并为其写作一篇历史型的品牌故事。

2. 云帆是一个针对28~48岁的女性消费群体的轻奢服装品牌。云帆的设计理念是"简约而不简单"，注重服装的剪裁和细节处理；同时鼓励女性追求自由、独立、自信的生活态度。请为其写作一篇理念型的品牌故事。

3. 根据本项目所学的知识，为一个女性运动品牌写作一个品牌故事，要求创造有情感共鸣的场景。

4. 从网络中收集一些民间传说，选择其中一个作为基础，写作一篇传说型的品牌故事。

5. 龙泉驿区属四川盆地中亚热带湿润气候区，具有四季分明、春早秋凉、夏无酷暑、冬无严寒的特点。历年平均气温16.5℃，年平均气压为956.4百帕，年平均相对湿度为81%，历年平均日照时数1032.9小时，年平均风速1米/秒，年平均无霜期297天。

龙泉驿区全区水资源总量为3.8524亿立方米，主要由两部分组成：地表水资源3.24亿立方米（不含过境水量），地下水资源0.6124亿立方米。地表径流主要由大气降水产生。全区多年平均降雨量为977.2毫米，相应降雨总量为5.43亿立方米，降水产生的地表径流汇集于江河后，分别流向双流、新都、青白江、金堂和简阳等地区。平均径流深330毫米，多年平均地表径流总量为1.84亿立方米。

请根据以上内容为龙泉驿区出产的大五星枇杷写作一个品牌故事，要求尽量运用品牌故事的写作技巧，提升故事的吸引力。

项目六
新媒体推广文案的策划与写作

学习目标

【知识目标】

- 熟悉新媒体推广文案的基础知识。
- 掌握微信文案、微博文案、直播文案、短视频文案、知乎文案、小红书文案、今日头条文案的相关知识。

【能力目标】

- 能够写作有吸引力的微信文案、微博文案、知乎文案、小红书文案和今日头条文案。
- 能够写作直播文案、短视频文案，提升直播和短视频的吸引力。

【素养目标】

- 开展新媒体营销活动要做到公正公开，如实宣传活动，体现诚实守信的原则。
- 写作新媒体推广文案时遵守相关法律规定，以确保内容积极健康，传递正能量。

引导案例

　　"生活家"品牌积极地在微信、微博、小红书等新媒体平台上发布文案，取得了不错的效果，如通过微信公众号定期发布高质量的生活方式指南，精准定位目标群体的兴趣点；利用微博快速响应社会热点，借助话题#潮流生活的一万种可能#引发用户共鸣；借助小红书的"种草文化"（即将某些事物推荐给其他人，使其他人对这些事物感兴趣），邀请达人与普通用户分享商品体验笔记，展示商品的独特卖点与生活美学理念。

　　当前，新媒体已经成为电商商家重要的品牌和商品推广平台，甚至是主要的营销宣传渠道。而高质量、有创意的新媒体推广文案可以有效地吸引用户的关注，使品牌在新媒体平台上积累更多用户，进而提升品牌知名度和商品曝光度。

任务一　新媒体推广文案的基础知识

【任务引入】

如今，新媒体正处于突飞猛进、快速发展的时期，新媒体用户数量与日俱增，这就为电商商家提供一个巨大的潜在用户来源，而如何通过新媒体推广文案的策划与写作获得这些用户，成为文案写作者需要完成的一个重要课题。

【相关知识】

一、新媒体推广文案的概念

新媒体是相对于传统媒体而言的，是报纸、杂志、广播、电视四大传统媒体之外的一种新的媒体形态，因此被认为是"第五媒体"。通常情况下，新媒体指利用数字技术、网络技术，通过互联网、宽带局域网、无线通信网、卫星等渠道，以及计算机、手机、数字电视机等终端，向用户提供信息和娱乐服务的传播形态。

根据传播媒介的不同，通常可把新媒体分为网络新媒体、手机新媒体、新型电视媒体和其他新媒体4种类型。而对于电商商家来说，新媒体主要指网络新媒体，这种类型的新媒体包括微信、微博、直播平台、短视频平台、今日头条、知乎、小红书等。而本项目所指的新媒体推广文案，是在这些新媒体平台上发布的用于推广商品、服务或品牌的文案。

二、新媒体推广文案的特点

新媒体推广文案是在当代社会环境的变革下发展出来的一种文案类型，更符合当下用户的阅读习惯，也更能适应媒体传播的需要。新媒体推广文案与传统媒体发布的文案有所不同，主要具有以下特点。

（一）互动性强

新媒体推广文案的核心优势在于其互动性强，可以实现信息的双向流通。不同于传统媒体的单向输出，新媒体推广文案能够直接邀请用户参与对话，无论是通过评论、点赞、分享，还是直接互动功能，用户的每一种反馈都能成为交流的一部分。例如，微博文案常会要求网友留言评论、点赞或转发，互动性强，能较好地维持传播者与用户之间的关系，如图6-1所示。

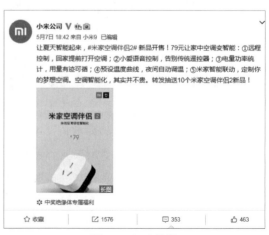

图6-1　互动性强

点评： 图中是小米公司发布的微博文案，文案不仅向用户介绍新品，还号召用户转发该文案。用户还可以通过点赞或评论的方式与品牌互动。

（二）时效性强

在移动互联网环境下，信息的传播与更新速度快，用户也开始追逐新鲜的信息与内容。新媒体推广文案能够迅速捕捉社会、文化或行业中的热门话题，将其融入文案创作中，从而引起用户的共鸣和兴趣。这种借势热点的方式，不仅提高文案的曝光度和传播效果，也能确保内容具有时效性。图6-2所示的新媒体推广文案就借助五一"劳动节"的热点。

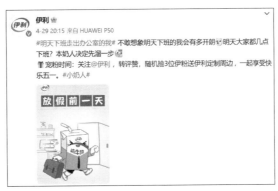

图 6-2　时效性强

点评： 该文案及时地在五一假期前发布，内容也与放假前的心情有关，十分应景，因此很容易引起用户的关注。

（三）个性化

随着大数据等相关技术的成熟，各大新媒体平台都开始在分析用户行为数据的基础上，根据用户的个人喜好为用户推荐感兴趣的内容，实现个性化推荐。在这样的大背景下，很多新媒体推广文案不再追求吸引所有用户，而是只针对目标用户，以目标用户的需求和内容偏好为出发点进行写作，还会植入目标用户关注的关键词，如图6-3所示。

点评： 该文案是某园艺品牌发布的新媒体推广文案，其内容涉及月季养护的专业知识，并加入"月季""病虫害"等关键词，很容易吸引目标用户——月季养护者的关注。

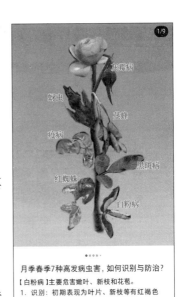

图 6-3　个性化

（四）多媒体融合

新媒体推广文案的一个显著特点是多媒体融合，这意味着文案将文本、图片、视频、音频、动图、信息图等多种媒介形式有机结合起来，创造出更为丰富、多元和具有互动性的内容体验，如图6-4所示。通过视觉和听觉的双重刺激，新媒体推广文案能更快吸引用户的注意力，为用户提供沉浸式的阅读或观看体验，加深用户对品牌或信息的情感连接。

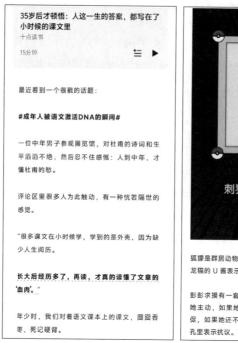

图 6-4　多媒体融合的文案

点评： 用户可以点击播放左边的文案融合音频，一边听一边阅读文案；右边文案融合了互动性的图片，内容是猜谜游戏，点击图片可以查看谜底，以增加文案的趣味性。

三、新媒体推广文案的类型

新媒体推广文案可以在多个新媒体平台中发布、传播，如微信、微博等。因此，新媒体推广文案可以按照这些不同的传播渠道进行分类，具体包括以下7类。

（一）微信文案

微信是目前主流的新媒体平台，微信文案通常出现在微信公众号和朋友圈中，一般分为公众号文案和朋友圈文案。

- ◆ **公众号文案：** 公众号文案强调深度、价值输出，往往篇幅较长、内容丰富，适合发布深度解读、教程分享、生活感悟等内容。其营销形式主要是向已关注公众号的用户推送文章，通过文章内容吸引用户互动，以巩固用户对品牌的忠诚度，从而不断扩大影响力。

- ◆ **朋友圈文案：** 朋友圈文案是一种较为私密且贴近个人生活的社交分享形式，倾向于展现个人生活状态、情感体验或观点分享，其语言自然、真诚，内容简短，直接传达核心信息或感受，以避免冗长复杂的表述。

（二）微博文案

微博是一个基于社交关系进行简短信息的获取、分享与传播的社交网络平台。由于微博信息传播迅速，微博文案需要高度精练，力求在短时间内吸引用户的注意力。此外，微博文案常围绕热门话题、时事新闻等进行创作，借助热门话题标签（#话题#）增加曝光度，如图6-5所示，从而让内容更容易被用户看到。

图 6-5　微博文案

点评： 该微博文案在临近高考时发布，借助了热门话题"#高考#"的热度，很容易吸引用户关注。

（三）直播文案

直播文案指在直播活动前后，为吸引用户、预热气氛、引导互动或总结回顾而撰写的文字内容。直播文案有助于提升直播营销的效果，包括直播预告文案、直播脚本、直播话术等部分。

1．直播预告文案

直播预告文案指在直播活动正式开始之前对外发布的一种宣传材料，旨在提前通知并吸引潜在用户，从而增加直播的曝光度和参与度，如图6-6所示。直播预告文案应使用有吸引力的标题概括直播主题，清晰地指明直播的具体时间、平台，以及进入直播间的方式，简要介绍直播的亮点内容、嘉宾阵容或优惠福利，还可以预告直播中的互动环节或抽奖活动，以增加用户的期待感和参与意愿。

图 6-6　直播预告文案

点评： 该直播预告文案不仅介绍了直播的时间、平台，还以特色商品作为直播亮点吸引用户关注。

2. 直播脚本

直播脚本是整场直播的流程框架，能让整场直播在预想的方向有序进行，可以在一定程度上规避直播风险。直播脚本的内容涉及直播的时长、商品活动开展具体时间、活动的力度等。

3. 直播话术

直播话术指在直播过程中主播所使用的一系列口头表达和沟通技巧，旨在吸引用户的注意力、提高互动参与度，并有效地传达信息、推销商品或实现其他特定的目标。直播话术可以帮助主播更好地组织语言，引导用户的情绪和行为，提高直播的吸引力和影响力。

（四）短视频文案

随着短视频的兴起，一批新兴短视频平台开始涌现，如抖音、快手、微信视频号、西瓜视频等。很多商家会制作短视频用来传递营销信息，而这往往需要借助短视频文案。短视频文案是指在制作和分享短视频时所使用的文字描述、标题，以及视频内的旁白、字幕等文字内容，主要包括短视频脚本、短视频标题。

- ◆ **短视频脚本：**视频内容创作的基础框架，它详细规划视频的每一个镜头、对白、旁白、音效、拍摄方式等元素。一个好的短视频脚本能够确保短视频内容紧凑、逻辑清晰、传达信息有效，同时保持趣味性和观赏性。
- ◆ **短视频标题：**用户在浏览时首先接触到的信息，直接影响点击率和观看意愿。一个优秀的短视频标题应该简短、有力、具有吸引力，能够准确反映短视频内容，同时激发用户的好奇心或共鸣。

（五）今日头条文案

今日头条是一个大型的内容聚合和展示平台，拥有庞大的用户群体和流量，通过基于数据挖掘的智能推荐引擎，可以快速为用户推荐有价值的、个性化的信息。

电商商家可以通过今日头条发布可读性较强的文案，借助内容吸引用户。由于今日头条的个性化推荐机制，今日头条文案需要紧贴目标用户的兴趣点，确保内容具有较强的针对性，并推送给感兴趣的用户群体。此外，今日头条文案需要具备较高的质量，有深度、信息量大、实用性强或娱乐性高的内容更容易被系统推荐。

（六）小红书文案

小红书是一个分享生活方式的平台，用户可以在小红书上发布笔记来分享自己的生活点滴。小红书平台融合社交媒体和电商元素，用户可以在平台上交流和分享自己的购物心得，也可以直接购买商品。

在小红书平台上，文案非常重要，优秀的小红书文案可以直接促进商品的销售。小红书文案与传统广告文案不同，它更侧重于个人化、故事性和生活化表达，旨在通过分享生活方式、购物心得、美妆教程、旅行体验、美食探店等内容，与用户建立情感连接，激发互动与共鸣。小红书上主流的、受欢迎的文案类型有以下4种。

1. 生活记录类

生活记录类文案以记录和分享日常生活点滴为主，强调个人的真实体验和感受，内容广泛，涵盖日常穿搭、美食探店、旅行游记、家居布置、亲子时光、工作日常等方面。生活记录类文案通常基于个人的真实生活，营造亲切、贴近生活的氛围，通过细腻的笔触描写平凡的日常，让用户产生共鸣。

2. 种草类

种草类文案以推荐和分享商品为核心，以激发用户的购买欲望为目的，如图6-7所示。这类文案通常采用感性、生活化的语言，通过展示商品的好处、使用场景或者个人的体验来"种草"，并且结合高质量的图片或视频，营造美好的生活方式，提升商品的吸引力。

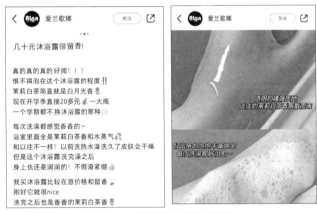

图 6-7　种草类小红书文案

点评： 该文案没有使用严格的实验或精确的数据，而是陈述个人主观感受，表述直接、平实，让人感觉这是来自普通用户的真实反馈，因而更令人信服。

3. 评测类

评测类文案侧重于详细分享使用体验和客观评价商品或服务（见图6-8），常表现为对商品的使用性能、效果、优缺点进行分析，为用户提供购买决策的参考依据。测评类文案需要具备一定的专业知识，并提供数据支持或对比分析，从而增加内容的权威性和实用性。

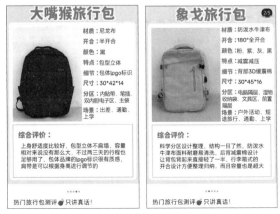

图 6-8　评测类小红书文案

点评：该测评列出不同款式旅行包的详细信息，并综合评价各款旅行包的优缺点，不仅直观，而且具有参考性。

4. 教程类

教程类文案常用来讲解某种具体的技能、方法或知识，如化妆教程、健身训练步骤、烹饪方法等，从而提供实用价值，帮助用户解决问题，从而赢得用户的信任，如图6-9所示。这类文案结构清晰、步骤详细，配以图片或视频辅助说明，以便用户学习和实践。

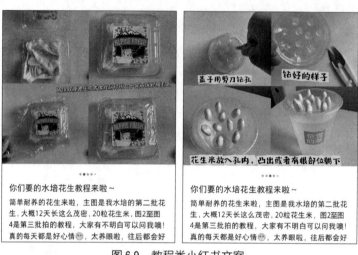

图6-9 教程类小红书文案

点评：该文案使用图片加文字的形式，详细介绍制作水培花生的步骤，图片主要展示操作方法或效果，文字则强调操作要点，整体效果直观明了，便于用户参照操作。

（七）知乎文案

知乎是中文互联网高质量问答社区及原创内容平台，内容涵盖科技、商业、文化、教育等多个领域。知乎文案特指在知乎这一平台上发布的、符合知乎社区文化和交流特点的文字内容。知乎文案主要包括以下3种类型。

1. 问题回答

问题回答是知乎平台上基本且重要的文案形式，文案写作者需针对提问提供详尽、专业的答案，可以是科普性质的解析、行业内的深度分析或者个人经验分享，如图6-10所示。

点评：该文案使用了目录的形式，使用户能够快速了解文章的大致内容。文案提供的信息具有实用性，可以帮助用户更好地理解和选择适合自己的拖鞋产品。

图6-10 知乎问题回答

2. 专栏文章

知乎专栏允许知乎用户创建个人专栏，发布系列文章，适合深度探讨某一领域或主题，内容更加系统和连贯。

3. 圆桌讨论

知乎圆桌是围绕特定主题展开的多人讨论区域，如图6-11所示，知乎用户可以发布相关主题的文章或回答，形成专题性的内容集合。

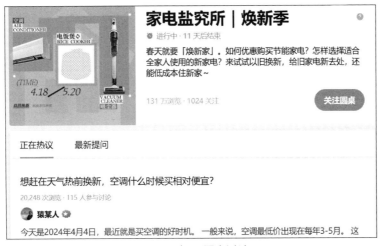

图 6-11　知乎圆桌讨论

任务二　微信文案写作

【任务引入】

微信是基于智能移动设备而产生的即时通信软件，也是流行的新媒体平台，各大商家和品牌常将微信作为营销推广的重点平台。而在微信推广中，文案所起的作用也是不容小觑的，文案写作者必须掌握微信文案的写作方法。

【相关知识】

一、微信朋友圈文案的写作

朋友圈较为私人化（发布的内容只有微信好友才能看到），内容更加生活化，若文案写作者频繁发布广告，很容易引起微信好友的反感。因此，写作朋友圈推广文案要注意策略，兼顾推广目的与可看性。具体来说，朋友圈文案的内容包括以下几方面。

（一）商业推广

对于商家而言，朋友圈也是推广商品的平台。这类文案应尽量简洁明了地表达商品的核心信息，如图6-12所示，使用短句和易懂的语言，确保信息一目了然，同时应保证内容的自然与真诚，避免过度营销导致用户反感。

图 6-12　商业推广

点评： 该朋友圈文案言简意赅、开门见山地介绍商品，并结合优惠活动来打动用户，促使其购买。

（二）知识与信息分享

文案写作者可以在朋友圈文案中分享商品相关领域的有价值的资讯、专业知识（见图6-13）、读书笔记、学习心得等，为用户提供有用的信息，吸引对商品相关领域感兴趣的用户，并在特定领域内建立专家的形象，增强用户的信任感。

图 6-13　知识与信息分享

在分享知识与信息时，可以适当植入商品推荐，例如在结尾提及"如果你对此感兴趣，不妨尝试我们的××商品/服务"，做到自然而不突兀。

点评： 该文案是绿植商家发布的，科普植物的小知识，有一定专业性但又通俗易懂，让用户看后有所收获。

（三）发起互动

文案写作者可以在朋友圈文案中通过问答、投票、竞猜（见图6-14）、小游戏、话题讨论等形式，邀请用户参与互动，以拉近与用户之间的距离。

图 6-14　发起互动

点评： 该文案是中药店铺发起的药材有奖竞猜活动，不仅加深用户对店铺商品的印象，同时借助奖品促使用户参与。

（四）生活分享/情感表达

朋友圈文案可以记录个人日常生活的点滴，如旅行见闻、美食体验、家庭聚会、个人生活琐事（见图6-15）等，通过生动有趣的描述让用户感受到生活状态和情感变化。文案写作者也可以分享个人的心情、感悟、思考或情绪，例如对某件事的看法、对生活的感慨、节日祝福、生日感言等，增加与用户之间的情感交流。

图 6-15　生活分享

点评： 该文案表面上是在分享自己早上醒来喝茶的生活细节，实际上却暗中植入商品的广告，并在评论区留下购买地址，含蓄地进行推广。

> **小提示**
>
> 　　尽量避免在朋友圈发布纯文字文案，这是因为这样的内容不太醒目，容易被用户忽略。文案写作者可以搭配美观、有吸引力的图片增强文案的可读性；同时，朋友圈文案不宜过长，过长的内容可能会被折叠，影响阅读体验。

二、微信公众号文案的写作

微信公众号文案通常由封面图、标题和正文组成。文案写作者在写作这种文案时，需要同时掌握这些内容的写作技巧。

（一）封面图

封面图是对微信公众号文案的一个简要说明和体现，需要有一定的创意和视觉冲击力。封面图的设计不需要太复杂，可以直接通过图片说明本篇微信公众号文案所要表达的内容，如图6-16所示。封面图上可以放置文案的关键词或标题信息，同时应保证文字的设计与整体效果保持和谐，避免显得杂乱。

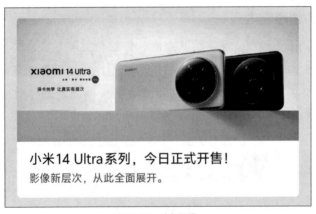

图 6-16　封面图

点评： 该封面图直接展现商品，与文案标题、主题相呼应，而且没有添加过多文字，只以一行小字体现商品的核心卖点，整个画面显得干净整洁，具有视觉吸引力。

（二）标题

公众号文案的标题要能够引起用户的浏览兴趣，其写作可参考项目三中"电商文案标题的写作"的相关内容。除此之外，为使微信公众号的标题更具有辨识度，可在标题前使用竖线"|"或中括号"【 】"，将关键词或不同类型的文案分隔开，更好地打造公众号的个性化风格，进一步强化用户对品牌或商品的印象，如图6-17所示。

图 6-17　微信公众号中的文案标题

点评： 图6-17中是微信公众号中的文案标题，其使用"【 】"将不同系列的文案进行区分，让用户更方便地对每篇文案内容进行区分。

（三）正文

微信公众号文案需要通过巧妙的结构组织、图文并茂的语言描述，逐步引导用户信任和接纳其展示的商品，从而达到营销推广的目的，其正文写作通常有以下3个技巧。

1. 以商品为中心

公众号文案的常用正文写作策略就是将商品作为贯穿全文的核心思路，在文案开头用一段话引出商品或直接介绍商品，再向用户全面展示商品的功能和卖点，如图6-18所示。

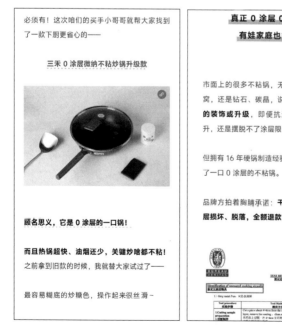
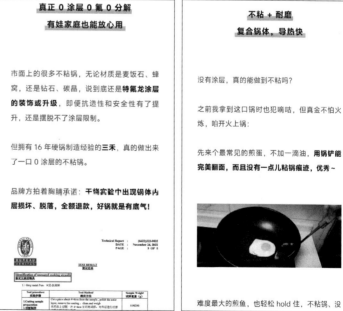

图 6-18　以商品为中心

点评： 该文案以所推广的商品——不粘锅为中心，首先引出不粘锅，然后介绍了不粘锅的各个卖点，包括0涂层、不粘+耐磨等，条理分明，容易打动用户。

以商品为中心的公众号文案可以分别介绍商品的具体功能和特点，这种写法的优势在于总有一个卖点能够打动用户。在写作过程中，要注意文字与图片的配合，通过详细的说明、亮眼的词汇以及直观有趣的图片充分展示商品和服务的卖点，以吸引用户的关注。

2. 以兴趣切入

以兴趣切入指根据微信公众号定位，结合网络流行趋势、所推广商品特征及用户喜好，从用户感兴趣的话题中选择一个作为文案切入点。总体来说，用户感兴趣的话题包括实用技巧、时事、音乐、电影、健康、旅游等。图6-19所示的公众号文案就以古人的日常生活为话题进行切入。

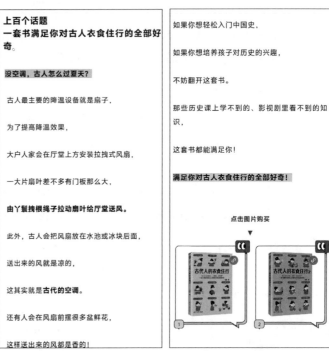

图6-19　以兴趣切入

点评： 该文案的发布者是当当网公众号，关注当当网公众号的用户都对历史、文化感兴趣，因此该文案从用户的兴趣出发，首先，从季节变化引出古人怎么过夏天这个问题，进而引出所推广的书籍。然后，在正文中穿插许多生动有趣的古代生活小知识，如古人利用大型手动风扇降温等，以增加文案的趣味性和可读性。最后，号召用户购买书籍，进一步学习相关知识。

3. 借助故事引导

微信公众号文案可以讲述一个感人的、有趣的、悲惨的、八卦的故事，让用户充分融入故事情节，被故事的思路所引导，最后在故事结尾处点明商品。使用这种手法的文案要保证故事情节的合理性，并找到故事与商品的关联之处，这样才能较好地植入商品。图6-20所示的公众号文案就运用了这种写法。

邢××现在是高山向导，他已经习惯了那种在树林里穿梭、在雪上飞行的感觉，让他充分地沉浸，摆脱城市的烦恼、喧嚣的压力，在大自然里跟天地对话，跟自我对话。

邢××

但他说，从山雪里滑下来的人，首先要学会选择。

而选择，首先意味着承担。承担风险，面对未知，知道敬畏。

高山向导邢××、王××与彭×在勘测雪况

邢××很多年前有一次在川西滑雪，他已经滑到了山下等其他朋友，突然听到他站的雪地下面有很奇怪的声音，像流水的声音。

那个时候是 4 月份，他突然意识到，冰雪覆盖的下面，是已经融化的水流。那一瞬间他赶快往前再滑一点，以防自己掉下去。

"它就是人生的选择，很多时候会有惊喜，也会有惊吓，但不管怎么样，这是我自己选的，是人生的一部分。"

"如果在雪道上，你会相对安全，但那是别人给

山雪所向，便是自由。在滑雪季正值热潮，众多产品发布追寻快感的当下，始祖鸟通过拍摄一支滑雪安全议题的纪录片，共同探讨如何与自然相处，追寻自由本真。其专注于运动本身，展现出作为头部户外品牌的责任心。滑雪不是作秀与炫耀，只有专心、谨慎投入其中，才能享受到那种极致的自由。这个与每个户外人有关的故事，表达了对雪山的敬畏和对自由的感召。共存、热爱、克制，才是与山雪相处之道。

秉持山雪无小事，始祖鸟在产品研发环节以严苛的工艺和匠心，用无数次极限测试，确保产品可在极端恶劣的环境下长期穿着，给滑雪者极端情况下的保护。以极简的设计，帮助你在雪山里寻找属于你的路线，滑行出最美的弧度，自在享受属于你的"旷野"。

图 6-20 借助故事引导

点评：该微信公众号文案通过一系列滑雪爱好者的亲身经历和深刻感悟，巧妙地运用借助故事引导的手法，不仅传达了对滑雪这项运动的热爱，更深刻地探讨了自由的含义与追求自由的过程，最终自然过渡到对品牌的介绍，将品牌商品的特性（如极端环境下的保护、极简设计有助于自由探索）与用户的需求相联系，暗示其商品是追求自由路上的可靠伙伴，进而自然地将营销信息与故事融合起来。

小提示

　　相较于微信朋友圈文案，微信公众号文案通常篇幅更长，因此每句话都应避免冗长，建议控制在 20 字以内；段落需避免过长，保持一段 5～7 行较为理想，并且段落长短要有变化，避免让用户感到乏味。

任务三　微博文案写作

【任务引入】

　　微博是当前主流的新媒体平台，具备海量的用户群体和信息资源。微博以快速传播的特性著称。一条好的微博文案可以在短时间内被大量转发和讨论，形成病毒式传播效应，这对品牌宣传、信息扩散非常重要。因此，电商商家纷纷通过在微博中写作文案对商品或品牌进行营销推广。

【相关知识】

一、微博文案的特点

微博既是一个开放性的资讯平台，也是各品牌发布新闻和动态的重要渠道。在微博上，每天都会产生海量的信息，用户也希望通过微博了解最新的资讯和热点。微博平台的这些特点让微博文案有其独特之处。具体而言，微博文案具备以下特点。

（一）内容精练

早期，微博规定单条微博的字数不能超过140字，后面虽然放开了字数限制，但微博上的内容更新速度非常快，用户也习惯在微博上浏览碎片化的信息。因此，微博文案应做到短小精悍、通俗易懂，让用户能迅速理解文案的主题内容。

（二）添加话题标签

微博文案通过添加相关的话题标签（话题标签通常是围绕热门事件、趋势或兴趣点形成的，见图6-21），能够被归类到特定的话题讨论中，更容易被对该话题感兴趣的用户发现，从而提高内容曝光率。

图 6-21　添加话题标签

点评：该微博文案添加了3个话题标签，分别是"#五一#""#小米14Ultra#""#用影像定格烟火人间#"。其中，"#五一"是热门话题标签，可以借助其热度吸引用户关注；而"#小米14Ultra#"是小米针对旗下某款手机自创的话题标签，这一方面是为了推广该商品，另一方面便于用户点击该标签查看与该商品相关的所有内容；"#用影像定格烟火人间#"话题标签富有情感色彩和人文关怀，旨在通过摄影这一艺术形式展现平凡生活中的美好瞬间，与用户的情感需求产生共鸣。

微博文案可以添加热门话题标签，也可以针对品牌特定活动、商品或特殊主题自建话题标签，利用话题吸引其他用户参与讨论。

（三）传播快速

微博平台具有用户量大、活跃度高、转发机制便捷等特点。在微博中，一篇优秀的文案会在较短的时间内引起众多用户的转载，尤其是能引起用户情感共鸣、让用户觉得有趣的文案，往往能达到快速传播的目的。

（四）娱乐性强

为吸引快节奏阅读环境下的用户，微博文案常采用轻松诙谐的语言风格，如图6-22所示。微博文案还可以穿插网络梗、网络流行语、搞怪表情包等，使内容更加贴近生活，容易引发用户的共鸣。此外，微博文案经常结合最新的网络热点、流行文化、影视综艺等内容，利用这些元素增加文案的新鲜感和趣味性，满足用户追求新鲜事物的心理。

图6-22　娱乐性强

点评：图中展现的是老乡鸡品牌发布的微博文案，这条微博没有实质性内容，只是用文字模仿鸡叫声，但充满了搞怪幽默的气息，让用户感受到品牌的亲和力。

二、微博文案的写作技巧

微博文案需要在短时间内吸引用户的注意力并激发其兴趣，因此文案写作者需要掌握微博文案的写作技巧，才有可能让所写的微博文案在众多信息中脱颖而出。

（一）借势热点

热点往往具有较高的关注度，文案写作者借势热点写作微博文案，可以快速引起用户关注。文案可以借势的热点多样，涵盖社会、文化、娱乐、体育等多个领域，具体包括节日类热点（如春节、中秋节等）、赛事类热点（如奥运会、世界杯等大型体育赛事）、娱乐类热点（如热门电影、电视剧等）、社会事件、新技术趋势（如元宇宙、AI等）、季节与天气热点（如节气，大雪、初雪等特殊天气条件）等。

文案写作者需要快速找准营销内容与热点的关联点，将热点的核心点、商品或品牌诉求点、用户的关注点结合起来进行创作。只有文案得到用户的关注和认可，才能引发其自主传播行为。图6-23所示的微博文案就运用了借势热点的技巧。

图 6-23　借势热点

点评： 这条微博文案借势"公园20分钟效应"这一热点，将热点的核心点"在公园待上20分钟状态会变好"与品牌商品关联起来——在公园吃汉堡会更幸福，即提出在公园效应基础上，加上享受塔斯汀汉堡的体验，可以将简单的快乐升级为更深层次的幸福感，从而提升品牌的价值。

（二）关联营销

关联营销就是品牌不仅为自己撰写宣传或推广文案，还与微博上的其他品牌账号进行关联合作，由此生成一个话题，这样的关联营销微博文案在发出之后经常会引起用户的关注与兴趣，如图6-24所示。关联营销时要通过@功能告知被关联的对象，从而更好地与关联对象进行互动和联合营销。

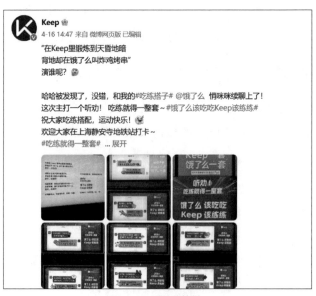

图 6-24　关联营销

点评： 这条微博文案是运动软件Keep联合饿了么进行的关联营销，通过"吃练搭子"为二者建立关联，并自创"#饿了么该吃吃Keep该练练#"的话题标签，角度新颖且十分贴近生活，让用户耳目一新。此外，"在Keep里锻炼到天昏地暗，背地却在饿了么叫炸鸡烤串"的描写非常符合当代很多用户的生活状态，能引起用户的情感共鸣。

在写作关联营销微博文案时，要注意关联对象与文案之间的匹配度，既可以通过描述关联对象的特点进行联合，也可以通过修辞手法（比喻、夸张、拟人等），将某一事物的特点与另一事物关联起来，以达到意想不到的效果。但需注意的是，不同事物之间的联想不能生硬，而是确实存在某些共同的特征，这样才能引起用户阅读的兴趣，并博得用户的好感。

（三）与用户互动

与用户互动是各类微博文案都会采用的写作技巧，其不仅有助于增加微博的留言数、转发数，还可以拉近品牌与用户间的距离。在与用户互动时，可以选择以下3类互动方式。

1. 发起话题讨论

话题可以是与品牌相关的话题，或是与用户兴趣、时事热点相关的话题，但不宜太复杂，尽量用简单几个字或一句话回答。抛出话题后，要鼓励用户在评论区分享他们的想法和观点。图6-25所示为某饮品品牌发布的话题讨论微博文案。

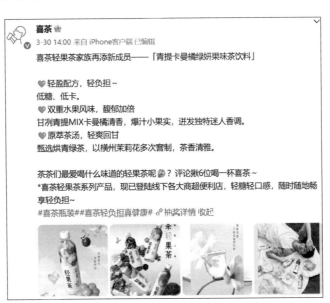

图6-25　发起话题讨论

点评： 该微博文案通过提问"最爱喝什么味道的轻果茶呢"邀请用户参与话题讨论，这样的开放式问题能够激发用户的兴趣，促使他们在评论区留言分享自己的偏好，增加了话题互动性和用户参与感。

2. 发起投票

利用微博的投票功能发起投票活动、收集用户意见，让用户感觉自己的声音被听见。

3. 有奖转发

有奖转发即在文案中承诺转发微博就有机会参与抽奖。这类互动方式能明显提高转发率，常用于推广新品、宣传活动等，如图6-26所示。

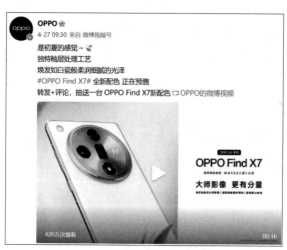

图 6-26　有奖转发

点评：该微博文案在宣传新品的同时要求用户转发，这样能扩大微博文案的传播范围，有助于提高新品的曝光度。

素养提升

在开展有奖转发活动时，应确保活动的公正、公开，承诺的奖品要如实发放，不拖延、不缩水。一旦公布获奖名单，应迅速联系获奖者并按约定时间寄送奖品，履行承诺，树立诚信形象。这不仅是对参与者的基本尊重，也有助于维护品牌形象。

任务四　直播文案写作

【任务引入】

随着直播行业的快速发展，直播文案作为连接品牌与用户的桥梁，其重要性日益凸显。精心设计的直播文案能够有效促进用户数量的增长、保持直播间的活跃度，最终提升品牌或商家的影响力和实现商业目标。就文案写作者而言，需要重点掌握的直播文案有直播脚本和直播话术。

【相关知识】

一、直播脚本的写作

直播脚本主要有整场直播脚本和单品直播脚本两种。

（一）整场直播脚本

整场直播脚本是通过文本的形式规划整个直播过程，通常是对直播流程和内容的细致说明。整场直播通常有一定流程，首先是开播后的开场预热，引导用户关注；然后是活动剧透，简单介绍所有商品并重点推荐热门商品；接着逐一讲解商品，中途可设置互动环节；最后预告接下来的直播。表6-1所示为某家电品牌的整场直播脚本示例。

表6-1 整场直播脚本示例

×× 品牌整场直播脚本				
直播时间	2024/6/26，20：00—21：45			
直播地点	×× 直播室			
直播主题	×× 品牌家电促销			
商品数量	6 款			
主播介绍	主播：×× 助理：×× 客服：××			
直播流程				
时间段	流程规划	人员分工		
		主播	助理	客服
20：00—20：10	开场预热	自我介绍，与先进入直播间的用户打招呼，介绍开场直播截屏抽奖规则	演示开场直播截屏抽奖的方法，回答用户在直播间的问题	向各平台分享开播链接，收集中奖信息
20：10—20：20	活动剧透	简单介绍本场直播所有商品，说明直播间的优惠力度	展示所有商品，补充主播遗漏的内容	向各平台推送直播活动信息
20：20—20：30	商品推荐	讲解第1款商品，全方位展示商品外观，详细介绍商品特点，回复用户提出的问题，引导用户下单	协助主播展示、回复用户提出的问题	发布商品的链接，回复用户订单咨询
20：30—20：40	商品推荐	讲解第2款商品	同上	同上
20：40—20：45	红包活动	与用户互动，鼓励用户参与	提示发送红包时间节点，介绍红包活动规则	发送红包，收集互动信息
20：45—20：55	商品推荐	讲解第3款商品	同上	同上
20：55—21：05	商品推荐	讲解第4款商品	同上	同上
21：05—21：10	福利赠送	点赞满×× 即抽奖，中奖者获得保温杯一个	提示福利赠送时间节点，介绍抽奖规则	收集中奖者信息，与中奖者取得联系
21：10—21：20	商品推荐	讲解第5款商品	同上	同上

直播流程				
时间段	流程规划	人员分工		
		主播	助理	客服
21：20—21：30	商品推荐	讲解第6款商品	同上	同上
21：30—21：35	红包活动	与用户互动，鼓励用户参与	提示发送红包时间节点，介绍红包活动规则	发送红包，收集互动信息
21：35—21：45	直播预告	剧透明日主推商品，引导用户关注直播间，强调明日准时开播和直播福利	协助主播引导用户关注直播间	回复用户订单咨询

（二）单品直播脚本

整场直播一般会持续2～6小时，主播在此期间往往会推荐多款商品。而单品直播脚本是以单个商品为单位的脚本，主播应对其烂熟于心。单品直播脚本是围绕商品写作的，其核心是突出商品卖点。以服装为例，单品直播脚本可以围绕服装的尺码、面料、颜色、款式、细节特点、适用场景、搭配等方面进行写作。

单品直播脚本一般以表格形式呈现，包括商品卖点、商品用途、商品价格等要素。表6-2所示为××牌童鞋的单品直播脚本示例。

表6-2　单品直播脚本示例

项目	宣传点	具体内容
品牌介绍	品牌理念	××牌童鞋，专为成长中的儿童设计，倡导"快乐奔跑，健康成长"的理念。自2005年以来，陪伴无数小朋友迈出稳健的每一步，成为家长信赖的儿童鞋品牌
商品卖点	专业防护	鞋头加固设计，有效保护小脚趾不受撞击伤害；鞋底采用耐磨防滑材料，无论是在操场还是户外探险，都能稳稳抓地，安全无忧
	透气性好	3D网眼布鞋面，高透气性，即使长时间运动也能保持脚部干爽，减少细菌滋生，让孩子不臭脚
	轻盈缓震	EVA中底，轻质减震，每一步都像踩在云端，保护孩子正在发育的骨骼，减少运动冲击
商品优惠信息	直播专享福利	直播间下单立减50元，前50名购买用户额外赠送定制鞋垫一双，记得在下单时输入主播专属优惠码
注意事项		提醒用户选购时参考直播间下方的尺码对照表，或咨询在线客服，确保为孩子挑选到适合的尺码

二、直播话术的写作

对于直播来说，话术水平的高低会直接影响直播间的氛围及商品的销售效果。直播话术既是吸引用户停留的关键，也是促成成交的关键。一般来说，文案写作者需要掌握以下5种直播话术。

（一）开场话术

开场话术是吸引用户注意力、营造直播氛围的关键。一段精彩的开场话术能够立即抓住用户的心，激发他们的兴趣，为整个直播的成功奠定基础。一个有效的直播开场话术应该包含以下3方面内容。

◆ **欢迎与自我介绍：** 亲切地向用户问好，简单介绍自己，如"大家好，欢迎来到××品牌的直播间！我是你们的时尚导师小美，很高兴认识大家"。

◆ **直播内容预告：** 简要说明今天的直播主题或即将展示的商品、内容，如"今天的直播我们有幸请到××老师来为我们讲解××，教会大家如何××××"。

◆ **福利与优惠信息：** 介绍直播期间的优惠活动、折扣信息或赠品，如"今天是品牌大促的好日子，今天直播间有20款特价商品，大家不要错过"。

以下是一场美妆品牌直播的开场话术。

哈喽，大家好呀！欢迎来到我们的直播间，我是你们的美妆顾问小杰，咱们又见面啦！

今天直播有哪些精彩内容呢？咱们有幸请到美妆博主Linda姐，她要亲自教咱们几招秋冬化妆技巧，保证你美美出门！还有啊，今天直播间给大家准备了超多福利！各种优惠券、打折好货轮番上阵！

点评： 该直播开场话术语气亲切随和、亲和力强，能够迅速拉近与用户的距离，营造轻松愉快的氛围；接着，明确提到直播亮点——邀请嘉宾分享秋冬化妆技巧，这为美妆爱好者提供了明确的观看动机；然后直接点出直播间的福利信息，能够有效激发用户的参与热情和购买欲望。整体话术内容简短有力，没有过多赘述，符合直播快节奏的特点，易于用户接收信息。

（二）商品介绍话术

商品介绍话术的核心组成部分通常聚焦于商品本身的细节，以吸引用户的兴趣并促使其做出购买决策。商品介绍话术主要由商品介绍、价格优势和使用场景等部分组成。

◆ **商品介绍：** 围绕商品成分/原料、功能、外观设计、使用方法等展开，介绍时应使用生动形象的语言，以刺激用户的感官，激发用户的想象力。

◆ **价格优势：** 强调直播间的优惠，突出商品的性价比，可以对比市场同类商品。

◆ **使用场景：** 即商品可以由何人在何时、何地使用，如何使用等。

以下是一款黑芝麻糊的商品介绍话术。

这黑芝麻糊，用的是上好的黑芝麻、红豆、大颗核桃。营养全面，又好喝。食用方法也简单，热水一冲，适当搅拌就能喝，口感又稠又滑，暖呼呼的，特别舒服。

这种黑芝麻糊在商店里一般得卖25元一罐。但今天在咱直播间，25元能拿两罐，等于白送你一罐！实实在在的优惠，一样的钱，双份的货！

对于早出晚归的上班族，或是学习紧张的学生来说，这黑芝麻糊真是个宝！放一罐在公司抽屉或学校宿舍里，早上赶时间或者晚上加班、熬夜看书，来上一杯，既解饿又营养，还特别方便。

点评：该商品介绍以直白且富有画面感的语言介绍黑芝麻糊，强调其营养全面和口感醇厚的特点。通过与线下价格进行直接对比，并使用"等于白送你一罐"这类富有吸引力的表达，可以有效激发用户的购买欲。此外，该文案还构建了两个典型的生活场景（上班族早上赶时间或者晚上加班与学生熬夜看书），让目标用户能够快速将商品与自己的实际需求联系起来，从而突出商品的便利性和实用性。

（三）互动话术

互动话术指主播在直播过程中为避免冷场，积极引导用户互动，使直播间始终保持活跃氛围的话术。互动话术主要包括提问互动话术和刷屏互动话术。

1. 提问互动话术

提问互动是直播中非常重要的互动形式，通过提问可以有效提升用户参与度和直播的活跃氛围。提问互动包括开放式提问和封闭式提问。

◆ **开放式提问：**问题不设限，允许用户根据自己的想法自由回答，如"大家早餐都吃些什么呢？有什么创意吃法想要分享的？快来评论区聊聊你的早餐新花样吧！"

◆ **封闭式问题：**封闭式问题通常只需要以简单的"是"或"否"回答，或者从给定的几个选项中选择，便于用户快速参与，如"这款帽子，喜欢黑色的刷1，喜欢蓝色的刷2"。

2. 刷屏互动话术

刷屏互动话术是通过设计有趣的指令或话题，鼓励用户在弹幕中重复发送特定信息，从而形成视觉上的"刷屏"效果，营造热烈且统一的直播氛围。指令要简单、直接，如"觉得这款衬衣好看的刷波'好看'！""想要的宝宝在弹幕上刷'想要'"等。

（四）促单话术

促单话术主要是通过巧妙的语言表达技巧，引导用户主动下单。促单话术可以从以下几点切入。

◆ **制造紧迫感：**强调商品数量有限、优惠即将结束、库存紧张等信息，促使用户迅速行动，如"抓紧时间啦，朋友们，这批拖鞋只剩最后50双，过了这村就没有这店了！"

◆ **强调价值：**重申商品的好处、独特卖点和用户能得到的价值，让用户觉得购买该商品是物超所值的，如"想想看，每天一杯，不仅能享受美味，还能补充营养，为健康投资，这是值得的！"

◆ **建立信任：** 分享真实的用户评价、品牌荣誉或主播自己的亲身使用体验，从而增加商品的可信度，如"我自己也是每天一杯，皮肤都变好了，不信你看我这气色！而且，商品详情页那么多好评，可见大家的眼睛都是雪亮的！"

◆ **优惠提醒：** 清晰地说明当前的优惠力度，如折扣、赠品、免邮等，让用户感觉到此刻购买是划算的，如"今天下单的朋友，除享受特价外，还有机会获得我们精心准备的小礼包，价值30元，完全是免费赠送的哦！"

◆ **行动号召：** 直接而明确地告诉用户应该怎么做，使用指令性语言，鼓励用户立即购买，如"心动不如行动，赶紧点击屏幕下方的购物车图标，把这款商品带回家吧！"

（五）下播话术

下播话术用于整场直播的结尾部分，优秀的下播话术能够很好地烘托直播氛围。具体来说，下播话术包括以下3方面内容。

◆ **表达感谢：** 感谢用户的参与和支持，如"好了，还有×分钟就要下播了。非常感谢大家今天的陪伴和参与，没有你们的支持，我们的直播不会这么精彩"。

◆ **总结亮点：** 回顾直播中的亮点和重要信息，再次强调商品或主题的关键点，如"在这次直播中，我们向大家详细介绍夏季穿搭的技巧，希望大家都能美美地度过夏天"。

◆ **预告下场直播：** 告诉用户下期直播的主题、商品与福利，激发用户的兴趣和期待，如"我们的下一场直播是在×月××日，也就是星期×的晚上八点，届时我们会为大家带来我们的零食专场，价格都特别优惠，喜欢零食的家人们一定不能错过哦"。

以下是某场直播的下播话术。

亲爱的小伙伴们，时间过得太快，转眼间，我们就要和大家说再见了。在结束之前，我必须要说的是，真心感谢每一位在屏幕前陪伴我这么久的你们，你们的每一个点赞、每一条评论，都是对我的鼓励和支持。

在今天的直播中，我们一起探索了"家居生活的小妙招"，从智能家电的高效使用到家居装饰的创意搭配，希望这些小技巧能让你的家变得更加温馨和有序。

下次直播在下周三晚上的七点半，我会带着你们一起探索户外旅行装备。而且我已经为你们准备了一系列的专属福利，保证让大家惊喜！下次直播，我们不见不散！

点评： 这段话首先使用有亲和力的语言表达对用户的感谢，并使用简洁的语言简单总结本场直播，同时为下一次直播进行有效的预告和预热，以凸显下次直播的亮点。

任务五　短视频文案写作

【任务引入】

在短视频已经成为用户普遍娱乐方式的时代，网络上每天都会涌现海量的短视频内容。在同质化严重的短视频市场中，独特的文案能够帮助短视频脱颖而出，展现差异性，以吸引更多特定目标用户的关注。对于文案写作者而言，需要掌握短视频标题和短视频脚本的写作。

【相关知识】

一、短视频标题的写作

精心设计的短视频标题是对短视频内容的概括，是用户快速了解短视频内容并产生记忆与消费冲动的重要途径。标题写得越有吸引力，短视频就越容易获得巨大的播放量。

除参考项目三中"电商文案标题的写作"外，短视频文案标题的写作还需注意以下事项。

◆**字数适中：**短视频文案标题的字数应当恰到好处，既能准确展示商品卖点和文案主题，又不会让用户感到信息过于冗长。需合理控制字数，以确保吸引用户点击。

◆**采用标准格式：**确保文案标题采用标准格式，如使用阿拉伯数字，应避免使用较多外语，以便用户能够轻松阅读和理解。

◆**合理断句：**合理断句的文案标题能让主题更加清晰，减轻用户的阅读负担，确保信息传达更加明了。

◆**考虑推荐机制：**了解短视频平台的推荐机制，避免使用系统无法识别的词汇，如非常规词、冷门词汇或不常见缩写（如将成都缩写为"CD"等），以确保文案能够更好地被系统推荐给用户。

二、短视频脚本的写作

脚本指表演戏剧、拍摄电影等所依据的剧本。就短视频而言，脚本是整个短视频的发展大纲，用以确定剧情的发展方向和拍摄细节。短视频脚本的写作思路一般包括确定主题、规划内容框架、填充内容细节、完成脚本4个部分。

（一）确定主题

每个短视频都需要一个明确的主题。首先，要考虑当前领域内的热门话题，如健身领域的瑜伽、减肥增肌等，或者手工艺制作领域的手账与创意笔记、DIY家居装饰品等。然后，要关注目标用户的兴趣和需求。例如，如果目标用户是关注职场技能的白领，那么短视频的主题就可以是职场晋升之道。

（二）规划内容框架

确定主题后，需要规划内容框架。内容框架包括如何通过具体内容细节和表现方式呈现主题，如人物、场景、事件等，同时详细规划这些元素，以确保视频能够清晰地传达主题。假设要制作一个以"打造清爽整洁书桌"为主题的短视频，推广××品牌的桌面收纳盒。在规划内容框架时，可包含表6-3所示的内容。

表6-3 内容框架

脚本要点	要点内容
拍摄主体	书桌及桌上的文具、书籍、植物，特别是 ×× 品牌桌面收纳盒
人物	一位穿着简约的年轻女性
场景	明亮的书房
事件	女主角通过演示如何整理杂乱的书桌，使用××品牌桌面收纳盒分类摆放文具、文件等，同时分享一些整理桌面的小技巧
品牌植入方式	将需要植入的桌面收纳盒以道具的方式呈现在用户面前，并搭配台词把桌面收纳盒的信息口述出来

（三）填充内容细节

在确定好内容框架之后，需要在脚本中填充更多细节内容。例如，在整理过程中自然展示××品牌桌面收纳盒的使用效果，如打开收纳盒，展示内部结构。

（四）完成脚本

在完成内容细节的填充后，还需要确定每个镜头的镜号、景别、拍摄方式、画面内容、台词、声音、时长，然后将其整理为完整的脚本。

◆**镜号：**镜号是用来标识镜头的编号，通常按照它们在视频中出现的顺序进行标记，并使用数字进行编号。

◆**景别：**景别通常包括远景、全景、中景、近景和特写5种，不同的景别能够传达不同的情感和细节，因此需要根据整个故事的脉

拓展阅读

景别、运镜与机位详细介绍

络和矛盾冲突选择合适的景别。例如，如果主角感到紧张，可以使用特写镜头捕捉他们颤抖的手部动作，以展现内心的情感变化。

◆**拍摄方式：** 拍摄方式涉及运镜和机位的选择。运镜方式包括固定的静态镜头或动态的推、拉、摇、移等运动镜头。机位则包括拍摄角度，如平视、俯视、仰视等。选择合适的拍摄方式可以增强故事的表现力。

◆**画面内容：** 画面内容需要用简洁而具体的语言进行描述，以表现要传达的具体画面形象。必要时，还可以使用图形或符号辅助表达。

◆**台词：** 台词指在视频中所说的话语或者以文字形式出现在画面中的文字内容。台词若是人物的对话，其作用包括推动情节的发展，将用户的注意力引导到特定的情节点上，以及展现角色的性格特点。例如，要塑造一个勤俭持家的人物，可以设计该人物在买菜时与菜店店主讨价还价的对话。台词若是以文字形式出现在画面中，则起到解释说明、强调品牌/商品信息等作用。

◆**声音：** 声音指短视频采用的背景音乐或音效。背景音乐有助于营造特定的氛围，增强用户的情感共鸣。在写作脚本时，应选择与短视频的主题和情感目标相一致的背景音乐，如煽情剧情类短视频使用曲调伤感的流行歌；音效可以增强短视频真实感，包括现场的环境声、自然声音、特定事件的声音效果等。

◆**时长：** 时长与内容的详略、质量有关。通常应根据短视频整体的时间、故事的主题和主要矛盾冲突等因素确定每个镜头的时长。

表6-4所示为已完成的"打造清爽整洁书桌"短视频脚本。

表6-4 短视频脚本

镜号	景别	拍摄方式	画面内容	台词	声音	时长
1	中景	固定镜头，平视机位	杂乱无章的书桌一角，物品随意堆放，重点突出混乱状态	书桌杂乱，东西找不到，看着就烦	轻快纯音乐	3秒
2	中景	推镜头，缓慢推进至收纳盒	一系列××品牌桌面收纳盒静置于桌面一侧，等待启用	好在我有××品牌桌面收纳盒	轻快纯音乐	5秒
3	特写	固定镜头，俯拍	主角一只手打开桌面收纳盒，展示其内部结构	这款桌面收纳盒有多功能分区，能分类收纳各种小东西		5秒
4	中景	固定镜头，平视机位	主角一边整理书桌，一边使用桌面收纳盒归置物品，如文具、书籍、电子设备等	看，现在我的笔和便签都有了专属位置，再也不怕找不到它们了		6秒
5	全景	拉镜头，平视机位	书桌焕然一新，桌面收纳盒和谐地融入书桌	看吧，轻轻松松就把书桌收拾好了		3秒
总时长：22秒						

点评： 首先，该短视频脚本在开头迅速地设定了场景，通过展示书桌的杂乱状态，能够快速引起用户共鸣；然后，巧妙地利用推镜头引导用户视线，自然过渡到解决方案——××品牌桌面收纳盒；接着，使用特写镜头有效展示收纳盒的内部结构和多功能分区，同时通过主角实际操作，演示桌面收纳盒的使用过程，直观地展现商品是如何解决现实问题的；最后，使用全景拉镜头展示整理后的效果。整体来看，整个脚本结构紧凑、逻辑清晰，有效利用不同景别和拍摄技巧引导用户情绪，从问题展示到解决方案提出，再到效果验证，环环相扣，符合短视频营销的高效原则。

■任务六　知乎文案写作

【任务引入】

　　知乎是一个以专业性、知识性内容为主的互动平台。由于知乎用户整体文化素质、消费水平较高，属于高质量用户，因此知乎也是很多品牌精心运营的平台。知乎文案通过提供专业、深入的解答和洞见，输出相关行业知识、商品特性和使用技巧，提高用户对品牌商品的认知度和接受度，同时帮助品牌树立行业专家的形象。从这个层面来讲，知乎文案是十分有价值的，需要认真掌握。

【相关知识】

一、知乎文案的特点

　　鉴于知乎平台本身具备鲜明的知识性和专业性特点，知乎文案也相应地展现出独特的风格与要求，主要体现为以下4个方面。

（一）问题引导

　　知乎文案常以问题形式引导用户思考，提出独特或有趣的问题，激发用户对话题的兴趣。这种引导式的写作方式可以吸引用户的注意力，让他们主动思考并产生共鸣。

（二）客观中立

　　虽然个人色彩和主观体验也是知乎内容的一部分，但是大多数受欢迎的答案倾向于以客观的立场陈述问题和观点，避免使用过度主观或情绪化的表达。即使是主观看法，也会有理有据地陈述，避免无根据的臆断。这种客观的态度有助于讨论，使用户在不同观点中进行自由选择和判断。

（三）专业性

　　知乎用户期待看到深入、专业的分析和见解，因此知乎文案需要基于充分的研究、数据支持或个人经验，展现文案写作者在特定领域的专业知识和深度理解。文案写作者通过深入浅出的写作方式，用简洁明了的语言向用户传递专业知识和观点，如图6-27所示。

图 6-27　专业性内容

点评： 该知乎文案在开篇即介绍自己的身份背景，迅速建立回答者的专业性；文案没有直接回答问题，而是先上升到设计哲学的高度，探讨"好的设计"的定义，从而提升回答的深度；最后针对提问中的两种集成灶类型，该文案进行了全面且客观的对比分析，有理有据。

（四）逻辑清晰

知乎文案倾向于条理分明、逻辑严谨。无论是回答问题还是发表观点，都应有明确的结构，如引言、主体论证、结论或总结，内容组织要清晰有序，从而让用户能够顺畅地跟随思路。图6-28所示为一篇逻辑清晰的知乎文案的目录结构。

图 6-28　逻辑清晰

点评： 整个目录结构严谨、逻辑连贯，逐步深入商品细节，从结合实际体验，到功能解析和最终的总结推荐，环环相扣，既展现了商品的亮点，也满足了用户获取信息的需求。

二、知乎文案的写作要点

知乎用户十分看重内容的质量，不仅要求其具有专业性，而且要有可读性。文案写作者在写作知乎文案时要确保内容既吸引用户，又具有深度。具体来说，在写作知乎文案时要注意以下要点。

（一）内容有深度

在写作知乎文案时，文案写作者可以深入挖掘问题背后的专业理论、最新研究成果或行业标准，大量引用权威数据（见图6-29）、统计报告、实验研究结果或行业案例，从而增加内容的可信度。如果条件允许，可以结合自己或他人的实践经验，尤其是行业内专家或资深人士的观点，提供第一手的洞见。此外，为避免文案显得晦涩难懂，在使用专业术语时应该适当解释，以确保非专业人士也能理解。

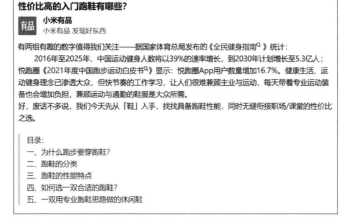

图 6-29　引用权威数据

点评： 该知乎文案在一开头就引用了两个报告所给出的数据，以说明跑步的普及度越来越高，不仅为引出后文对运动鞋的推荐奠定了基础，还可以凸显文案的专业性和严肃性，从而赢得用户信任。

（二）使用清晰的结构

知乎文案应采用清晰的文章结构，如引言提出问题、正文分点论述、结尾总结归纳。每个部分的内部也要有逻辑顺序，如使用"是什么—为什么—怎么做"的结构，以保证逻辑链条环环相扣、步步推进。

此外，还可以使用编号、小标题、列表、思维导图（见图6-30）等格式化工具组织内容，从而让用户快速把握文章框架，易于跟随逻辑脉络进行阅读。

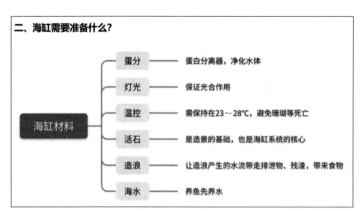

图 6-30　思维导图

点评： 该知乎文案直接使用思维导图展开叙述，不仅避免了冗长的介绍，而且体现了清晰的层次，简洁明了、易于理解。

（三）进行全面客观分析

在讨论有争议的话题时，尽量从不同角度对问题进行展现，不偏袒任何一方，提供全面的视角，分析事物的优缺点（见图6-31），避免过度主观或情绪化的语言。此外，应明确区分客观事实和个人观点，对事实陈述力求准确无误，在表达观点时应标明其为个人见解或推测。

在结论部分，可以指出问题的复杂性，鼓励用户思考或提出更多观点，展示对不同意见的尊重与开放态度。

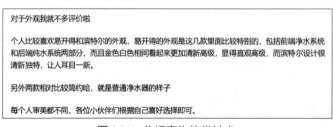

图 6-31　分析事物的优缺点

点评： 该知乎文案在分析多款净水器的外观时，首先表示这是个人看法；然后在分析完后又强调每个人都可以根据自己的喜好选择，使得文案更容易被拥有不同外观喜好的用户所接受。

任务七　小红书文案写作

【任务引入】

小红书近年来十分热门，用户通过在该平台上分享自己的生活等，构建了一个充满真实性和信任感的内容社区。各大商家也意识到，小红书用户不仅乐于分享，而且愿意接受来自平台内的商品推荐，这为商家的营销提供了机会。小红书文案通过真实、生活化的分享，营造了"种草"的氛围，潜移默化地影响了用户，引导其了解商品特点，从而激发其购买欲望。因此，小红书文案具有较强的商业价值。

【相关知识】

一、小红书文案的特点

小红书文案具有以下特点。

◆**贴近生活：**小红书文案倾向于分享文案写作者个人日常生活的点滴，如美食制作、穿搭心得、旅行游记等，让用户感觉像是朋友之间的交流，可以增强用户的信任感。

◆**语言口语化：**小红书文案常使用朴实自然的口语化表达，避免使用官方或过于正式的语言，使用户感到亲切。

◆**注重视觉：**小红书文案离不开高质量的视觉素材，如精美的商品图片，充满意境的自然风景图、诱人的美食图等，以迅速吸引用户的目光，促使用户进一步阅读文字内容。

二、小红书文案的写作要点

小红书平台十分重视内容质量，文案写作者要想让小红书文案获得较好的效果，需要重点掌握以下写作要点。

（一）制作有吸引力的封面

小红书注重视觉呈现，封面在版面中占据了较大比例，而且用户通常先看到封面。好的封面设计不仅能吸引用户点击，还能有效提升用户对内容的期待值和阅读体验。

封面应直观地反映文案的核心内容或主题，可以添加文字标志，让用户一眼就能明白"这篇帖子是关于什么的"。此外，还可以在封面中使用多图拼接来展示一系列相关事物，以增加封面的信息量，增加视觉丰富性和层次感。但应确保拼接在一起的图片在色调、风格或主题上保持一致，从而避免视觉上的突兀感，如图6-32所示。

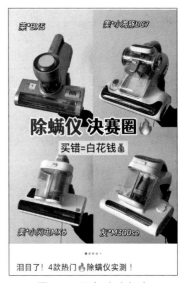

图6-32 添加文字标志

点评：该封面不仅添加了文字标志，能让用户迅速看出文案主题，而且使用了多图拼接，让用户能对参与测评的几款除螨仪有直观的认识。拼接在一起的几张图片的背景、商品展示方式都是一致的，画面风格统一、不杂乱。

> **小提示**
>
> 封面的尺寸也对文案的效果有影响。小红书目前的封面尺寸有3∶4（竖版）、1∶1（正方形）与4∶3（横版）。其中，1∶1的封面与4∶3的封面的版面相对较小，可能会被用户忽略；而3∶4的封面更大、更适合手机阅读，不仅能够充分展示更多信息，也更符合用户的阅读习惯和手机阅读场景，因此建议优先选择3∶4的封面。

（二）添加表情和特殊符号

在小红书上，添加表情和特殊符号是提升文案互动性和可读性的有效手段。表情能直接表达情绪和态度，让文字背后的情感更加鲜明。而在文案适当位置穿插特殊符号，可以瞬间抓住用户的眼球，使文案看起来更加活泼有趣，从而增加阅读的趣味性和轻松感。

部分特殊符号还可以用作自然段落的分割，以清晰地区分不同要点，同时美化版面，使文案结构一目了然，如图6-33所示。

导航：明仕田园
地点：广西省崇左市大新县堪圩乡
门票：免费
□收费项目：坐竹筏60元；少数民族风情园80元
租车费用：电动车20~30人/小时；自行车10人/小时
穿搭建议：白色或者绿色等裙子比较出片哦
旅行好物：对于我这种爱旅行的人来说，出门需要带抗压抗造且轻巧的行李箱。这次我专门带了Diplomat外交官的流光箱它采用了一体化铝框的加固设计，抗压能力更强360度万向轮顺滑，在田园

图6-33 添加表情和特殊符号

点评：该文案使用了一些很有特色的特殊符号，如代表地点、门票、汽车、服装的符号，以帮助用户在短时间内抓住笔记的重点。彩色的特殊符号不仅能区分内容要点，还能削弱黑白界面的压迫感，从而大大缓解用户的视觉疲劳。

（三）弱化广告痕迹

由于小红书用户更倾向于阅读那些感觉真实、贴近生活的内容，而非硬性的广告推销，因此“弱化广告痕迹”成为提高小红书文案接受度和转化率的关键。文案写作者既可以通过讲述个人经历或故事引入商品，也可以用第一人称分享商品使用心得（见图6-34），强调自己如何从中受益，而非告诉用户“你应该购买”，减少广告的直白感。

图 6-34　弱化广告痕迹

点评： 该文案从个人经历出发，提到在医院"种草"这款天然皂液，通过医生的使用场景（手术前洗手）增加内容的真实性和权威性，减弱推销的感觉。虽然文案提到了商品的多种好处，但表述相对克制，没有使用夸张的形容词，从而保证内容的可信度。

任务八　今日头条文案写作

【任务引入】

最早，今日头条是一个主打新闻资讯的平台，后来平台涉及的内容领域逐渐丰富，目前已成为集资讯、知识、兴趣于一身的综合性内容平台。今日头条大力扶持高质量内容，给予其较多流量，很多商家都在今日头条平台上发布优质文案进行推广。

【相关知识】

一、今日头条平台的内容推荐机制

今日头条吸引了超10万优质垂直类内容创作者，这在很大程度上得益于其内容推荐机制，该机制能让优质的内容有机会获得巨大的阅读量，而不受发布者用户数量的限制。具体来说，今日头条的内容推荐机制有以下特点。

（一）个性化推荐

基于数据分析的推荐引擎技术，今日头条能根据用户兴趣进行个性化推荐，具体包括以下环节。

（1）今日头条根据用户基本信息、行为数据等维度的信息提炼有关用户兴趣、特点、位置等方面的特征，为用户打上标签，如美食爱好者、"00后"、一线城市等。

（2）今日头条通过提炼关键词等方式提炼内容的特征，为内容打上标签，如美食、旅游等。

（3）将用户标签与内容标签进行匹配，找出与用户标签匹配度高的内容，并将内容推荐给用户。

（二）分批次推荐

在今日头条上，一篇文章发表后，通常会经过内容审核、冷启动、正常推荐、复审4个推荐环节，如图6-35所示。

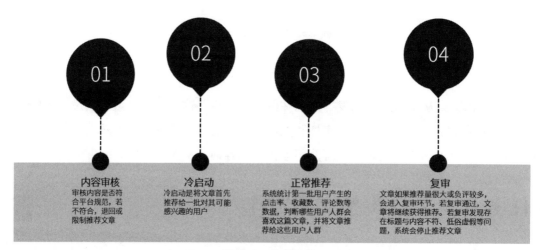

内容审核
审核内容是否符合平台规范，若不符合，退回或限制推荐文章

冷启动
冷启动是将文章首先推荐给一批对其可能感兴趣的用户

正常推荐
系统统计第一批用户产生的点击率、收藏数、评论数等数据，判断哪些用户人群会喜欢这篇文章，并将文章推荐给这些用户人群

复审
文章如果推荐量很大或负评较多，会进入复审环节。若复审通过，文章将继续获得推荐。若复审发现存在标题与内容不符、低俗虚假等问题，系统会停止推荐文章

图 6-35　推荐环节

文章在首次推荐后，如果点击率较低，系统会认为该文章不适合推荐给更多的用户，会减少二次推荐的推荐量；如果首次推荐后点击率高，系统则认为该文章受用户喜欢，将进一步增加推荐量。以此类推，文章新一次的推荐量都以上一次推荐的点击率为依据。此外，文章过时效期后，推荐量会明显减少，时效期节点通常为24小时、72小时和一周。

例如，一篇文章首次推荐给1000个用户，如果这批用户的点击率较高，系统判定用户很喜欢这篇文章，就会将其扩大推荐给10000个用户，如果这轮推荐后用户的点击率仍然维持在较高水平，那么系统会将这篇文章再次扩大推荐给30000个用户、50000个用户、100000个用户……推荐量和阅读量便不断上升。直到文章过24小时时效期，新一轮推荐的推荐量才会逐渐衰减。

在今日头条上发布的内容通过审核后，还需要经历"消重"。消重，就是消除重复，指分类和比对重复、相似、相关的文章，使其不会同时或重复出现在用户信息流中的过程。今日头条在面对相似内容时，会优先推荐原创、权威、有价值的内容。为避免被"消重"，文案写作者应该坚持原创，提升内容质量。

二、今日头条文案的写作要点

今日头条平台的用户群体大部分都是利用碎片化时间进行信息浏览的，因此推广文案的内容要尽量简单、贴近生活，并运用场景化、经验化、故事化等写作技巧，保持用户阅读的兴趣。例如，时事新闻、搞笑段子、最新科技、生活小常识、奇闻趣事等类型的文案阅读量都较高。由于这些类型的文案内容简单易懂且大众化，因此更容易被用户接受和传播。除此之外，今日头条推广文案还要有实质性的内容，能够满足用户的相关需要。新颖的写作角度、丰富的情感表达、有争议的故事等都可以为文案加分，使其获得更多的点击率。

今日头条文案写作还要注意以下3个方面的问题。

（一）内容要原创

今日头条推广文案发布后，平台首先会通过全网搜索引擎审核文案的原创度和健康度，以及其是否存在恶意营销等情况。文案写作者需要特别注意文案内容的原创性问题，只有当文案原创度达到60%以上时，才会被平台推荐。此外，文案写作者可申请开通原创功能，增加文案被推荐的概率，如图6-36所示。

生活数码好物清单 | 款款实用

原创 2024-05-12 12:50 · 昭华涧

#头条创作挑战赛#□

写在前面

在这个数字化时代，科技不再是冷冰冰的机器和代码，它已经成为我们生活中不可或缺的一部分，甚至在某种程度上，它定义了我们的生活方式。我们追求的不只是功能性的满足，更是一种与美学相结合的生活体验。

而临近的 6·18 大促，相信也是很多朋友购物的时机。我也挑选了几款最近使用体验还不错的数码产品分享给大家，看看有没有你中意的。

图6-36　原创的今日头条推广文案

点评： 该今日头条文案的标题下方显示"原创"标签，这种文案更容易被平台推荐给用户。

> **小提示**　今日头条平台对内容的管理十分严格，制定了专门的内容创作规范，不允许违反法律法规和相关政策、抄袭侵权、无资质发布专业领域内容、发布谣言或不实内容等行为，不鼓励宣扬不良价值观、诱导低俗、使用不文明用语、恶意营销、抽奖不规范、使用低质标题、发布低质内容、发布已过时效内容等行为。

（二）要包含关键词

今日头条平台通过智能算法为用户推荐内容，文案写作者要让文案更容易被平台推荐，就需要在文案正文中增加关键词。平台识别和标记正文中的关键词后，就会将文案推荐给阅读过类似标签的用户。今日头条主要是通过以下两种关键词识别文案的类型和内容领域的。

◆ **高频词：**即文案中出现频率比较高的，与主要内容相关的词语。例如，一篇时尚类的文案，其主要内容是关于夏季服装搭配的相关知识，那么正文中出现的高频词可能是T恤、短裤、连衣裙、衬衣等与文案主题相关且出现频率较高的词语。

◆ **低频词：**今日头条中有很多类型的文案，这些文案中具有相同性质的词语就不容易被平台作为关键词提取。但如果使用一些有差异性的词语展示商品的个性或风格，这些词语就容易被平台作为关键词标记。

因此，在写作文案正文时，文案写作者要尽量多提炼让今日头条平台更容易识别并判断的核心关键词。当系统判定出关键词后，会将这些关键词与文案的分类模型中的关键词模板进行对比，如果吻合度较高，就会为文案标注对应类型的标签。例如，某篇文案被提取的关键词有"卸妆""清洁""爽肤水""眼霜"等，那么该文案就可能被标注"时尚""护肤""保养""化妆品"等标签。平台系统由此完成对该文案的初步分类和认知，并将其推荐给经常关注"时尚""护肤""保养""化妆品"等内容的用户。

（三）要针对目标群体

在今日头条平台的内容推荐机制下，只有定位精准的文案才能获得较好的推荐量和阅读量。文案写作者在写作今日头条文案时，一定要专注于一个领域的内容，如美食、旅游、科技、汽车（见图6-37）等。同时，要充分了解目标用户的需求和偏好，据此写作有针对性的内容，以吸引用户的注意，从而让他们感觉文案是有价值的。

点评：该篇今日头条文案针对有意向购买家

图6-37　专注于汽车领域

用轿车的用户，特别是那些预算在10万元左右，寻求性价比高、品质可靠、市场口碑好的紧凑型家用轿车的人群。文案开头即提到市场竞争激烈和商品质量参差不齐的问题，这直接触及用户的选购痛点，接着通过推荐3款好车给出痛点解决方案，以吸引用户继续阅读。

▌项目实训

实训一　为智能加湿器写作微博、微信和小红书文案

【实训背景】

新品牌"润氧生活"在9月份推出了一款智能加湿器，采用超声波雾化技术，具有恒湿调节、静音运行、大容量水箱，以及可通过手机App远程控制的卖点，适合家庭、办公室等多种环境。原价299元，新品上市特惠价239元。

【实训要求】

（1）写作介绍专业知识的微信朋友圈文案推广智能加湿器。

（2）写作利用热门话题的微博文案推广智能加湿器。

（3）以个人分享"种草"的方式写作小红书文案（只需完成文字部分）推广智能加湿器。

【实训步骤】

（1）写作介绍专业知识的微信朋友圈文案。对于智能加湿器，首先可以从秋季干燥引起的不适切入，描述用户的痛点，如皮肤干燥、鼻腔不适等，提出疑问："秋季干燥，如何保持室内舒适湿度。"接着简要科普适宜的室内湿度范围（40%～60%），解释过高或过低湿度对人体健康的不良影响。然后介绍智能加湿器的超声波雾化技术、恒湿调节、静音运行和App远程控制等优势，强调其如何解决上述问题。最后，自然过渡到商品促销信息，鼓励用户行动。写好的微信朋友圈文案如图6-38所示。

（2）写作利用热门话题的微博文案。就借势热门话题而言，可以从秋季抗干燥这个很多用户关注的话题入手，描述一个因为空气干燥导致的不适场景。例如，加班夜晚的喉咙干痛或早晨起

图6-38　微信朋友圈文案

床的皮肤紧绷。然后展示智能加湿器如何成为这些问题的完美解决方案，强调其带来的舒适体验和生活品质提升。此外，还可以加入相关话题标签，鼓励用户参与讨论，以提高文案互动性。写好的微博文案如图6-39所示。

图 6-39 微博文案

（3）写作"种草"的小红书文案。小红书文案要体现生活化的特点，可以将智能加湿器自然地融入设定的场景中，如"午后阅读时光"。然后采用第一人称描绘悠闲的午后，泡茶、阅读的温馨画面，分享个人使用商品的亲身体验和感受，迅速拉近与用户的距离，使文案更具真实感和说服力。写好的小红书文案如下。

【干燥秋天里的小确幸】

嗨，朋友们，秋天一到，空气干燥，是不是觉得连呼吸都不顺畅了？我呢，最近找到个宝贝，让我的午后阅读时间变得更惬意了。

我喜欢泡上一壶喜欢的花茶，看着热气袅袅，手里拿着本好书，沉浸在文字的世界中。这时候，边上有个小巧的加湿器在工作，嗯，就是润氧生活的那款。这家伙工作起来悄无声息，喷出来的水雾细细的，不像有些加湿器那样水珠乱飞。房间里湿度刚刚好，就像春雨过后那种舒服的感觉，看书的时候心情都好了不少。

用起来也简单，加水、开机，剩下的就交给它了。我特别喜欢它这一点，不打扰，静静的，就像一个贴心的朋友，在你需要的时候默默给你支持。

自从有了它，下午看书的时候，我感觉周围的空气都是新鲜的，心情也跟着滋润起来，看书效率都高了。

如果你也喜欢宅家看书，或者工作时想要个舒适的环境，那么真心推荐你试试这个小玩意儿。价格实惠，用起来又省心，是干燥季节里的一个小帮手。

实训二　为农产品直播写作直播话术

【实训背景】

某直播间打算开展一场农产品专场直播，由阿强担任主播。阿强是资深农产品主播，主打质朴爽朗的农家小哥形象。直播推销多款食品，包括大米、大豆、西瓜、荔枝等，其中重点商品是"蜜源山谷"牌野生百花蜜。该商品源自四川省的偏远山区，采用传统养蜂技艺，其生产周期严格控制为一年一度的采蜜期。此蜂蜜色泽亮丽透明，呈现金黄色泽，口感浓郁且蕴含丰富百花香气。同时，该商品已凭借卓越的品质荣获绿色食品认证奖项。

【实训要求】

为该场直播写作直播话术，包括开场话术、商品介绍话术（针对野生百花蜜）、促单话术（针对野生百花蜜）及下播话术。

【实训步骤】

（1）写作开场话术。开场话术主要是主播的自我介绍加一两句直播内容预告。主播的自我介绍除向用户问好外，还要凸显主播的特点和人设，如主播是农家小哥，专注于农产品直播等。在写作时，要模仿质朴爽朗的农家小哥的口吻，语气要活泼，表达要口语化。而直播内容预告只需要简单说明今天直播的商品，激起用户期待。写好的开场话术如下。

嘿，大伙儿好！我是你们熟悉的阿强，从大山里走出来的农家小哥，带你们探寻咱农家的好货。直播间的家人们，今天可得准备好，咱又要给大家带来一批超棒的农产品，有大米、大豆、西瓜、荔枝，还有大家等了很久的百花蜜，价格保证惊喜，大家千万要蹲守直播间哦！

（2）写作商品介绍话术。商品介绍话术包含商品介绍、价格优势和使用场景。商品介绍涉及对野生百花蜜商品卖点的介绍，包括商品来源、制作方法等，然后描绘蜂蜜的颜色和味道，唤起用户的感官体验，最后提及商品获得绿色食品认证，让用户对品质放心。

此外，商品价格优势部分可以用价格对比、替用户算账的方式体现商品的性价比；而使用场景则可以涉及蜂蜜在何时食用、谁可以食用。写好的商品介绍话术如下。

朋友们，晚上好！我是阿强，今天给大家带来的是来自四川深山的野生百花蜜。这款蜂蜜是用传统方法养蜂采集的，一年才取一次蜜，真的是非常难得哦。颜色是那种透亮的金黄色，用它冲水，尝一口，甜而不腻，清香爽口，好喝！而且它还获得了绿色食品的认证，质量上大家绝对可以放心。

早上起来，用它冲一杯热水喝，清香提神；下午工作累了，泡杯蜂蜜水，还可以缓解疲劳；家里老人小孩都可以吃，滋补身体。家里备上这么一瓶，随时都能享受这份甜蜜，多好啊，不是吗？

讲到价格，商场里这样的蜂蜜，至少得上百元。今天在咱直播间，原价98元一瓶的蜂蜜特价78元，而且买两瓶还额外送一瓶，折算下来，一瓶才52元，真心太实惠了。

（3）写作促单话术。促单话术可以先通过强调购买数量、时间的稀缺性制造紧迫感，然后通过主播的亲身使用或用户评价等增强用户对商品的信任感，最后使用指令性的语言号召用户下单购买。写好的促单话术如下。

朋友们，抓紧啦！这款野生百花蜜库存真不多了，就剩最后几十瓶享受这次特惠。错过今天，想要再以这价格买到就难咯！趁着活动优惠，我都得叫小助理帮我买几瓶，我自己留两瓶，其他的送家人和朋友，好东西要大家一起分享嘛。别再犹豫了！赶紧点屏幕右下方的购物车，把蜂蜜买回家吧！

（4）写作下播话术。下播话术首先真诚地向用户表示感谢，再次提醒用户关注直播账号，最后预告下场直播。写作时可以使用活泼的语气，加入与用户互动的话语，从而拉近与用户的距离。

好了，还有5分钟阿强就要下播啦。感谢家人们的陪伴，今天大家的战果如何？买了几件好货？来，弹幕里刷一波。记得关注我们的直播间哦，我们的下一场直播时间是×月××号，星期×晚上八点，到时会上大家催了很久的××商品，喜欢的家人们一定要准时来直播间哦！

实训三　为智能恒温水杯写作短视频脚本

【实训背景】

家居品牌智悦生活新推出一款智能恒温水杯，拥有尖端温控技术，支持智能显温，可以通过手机App或杯体触屏随心调温；支持饮水智能提醒；选用食品级材质，双层真空保温，安全耐用。该品牌打算拍摄短视频推广该商品。

【实训要求】

按照短视频脚本写作思路，为该品牌打算拍摄的短视频写作脚本，以表格形式呈现。

【实训步骤】

（1）确定主题。本次短视频的主题聚焦于智能恒温水杯的智能化、便利性，旨在展示其如何提升日常饮水体验，以吸引追求生活品质的用户群体。

（2）规划内容框架。考虑到智能恒温水杯的特点，视频将以轻松的日常生活场景为主，无须复杂情节，仅需展现水杯在不同场景下的使用行为，如办公室、户外运动、家庭等。直接展示水杯功能，品牌信息通过水杯上的Logo和旁白融入。规划好的内容框架如表6-5所示。

表6-5 内容框架

脚本要点	要点内容
拍摄主体	智能恒温水杯
人物	一位穿着简约的年轻男子
场景	办公室桌面、户外野餐布、家中客厅
事件	展示水杯自动保温、App 智能设定温度、提醒饮水等功能
品牌植入方式	通过水杯上的品牌 Logo 与旁白介绍

（3）填充内容细节。短视频需细致展示水杯的智能功能，如通过手机App设定水温、水杯显示当前水温、定时提醒饮水等。切换场景时，需通过旁白解释每个功能的实际应用场景，如保持咖啡在最佳饮用温度、户外活动中随时有适宜温度的饮用水等。

（4）完成脚本。基于以上规划，完成短视频脚本，如表6-6所示。

表6-6 短视频脚本

镜号	景别	拍摄方式	画面内容	台词	声音	时长
1	中景	固定镜头，正面拍摄	智能水杯静置于办公桌上，屏幕显示设定温度	最近入手了一款智能恒温水杯，早上用它泡咖啡，总是能刚好保持我最爱的温度	轻快纯音乐	3秒
2	特写	移动镜头，从水杯表面滑过至 App 界面	手指在手机上设定水温，水杯随即调整	在手机上轻轻一按，也能轻松设定水温	轻快纯音乐	5秒
3	近景	固定镜头，侧面拍摄	户外野餐，水杯显示水温为 10 摄氏度	即便夏日在户外活动，也能随时享受冰爽	自然风声 + 轻快纯音乐	3秒
4	中景	固定镜头，正面拍摄	家中，水杯发出轻微提示音，提醒饮水	它还能定时提醒我喝水，太贴心了	水杯提示音 + 轻快纯音乐	5秒
5	特写	固定镜头，正面拍摄	水杯底部展示品牌 Logo	有了智悦生活的智能恒温水杯，感觉生活品质提升了很多，推荐给大家	轻快纯音乐	5秒

总时长：21 秒

  课后习题

1. 生活用品品牌"悦活"计划举办一场直播促销活动，旨在推广其网店新推出的8款生活用品，直播定于2024年7月11日19:00至21:00进行。本次直播由知名家居达人莉莉主持，张伟担任幕后导演，以确保直播流程顺畅。为吸引用户，悦活决定实施"满200元立减30元"的特别优惠，直播期间所有订单均可享受此福利。另外，直播中将穿插抽奖环节（分为两轮，用户需在聊天区发送"悦活优选，品质生活"参与抽奖），奖品是该品牌新款的棉拖鞋。请为该直播写作直播脚本。

2．构思一则微信朋友圈文案，在分享生活趣事的同时植入护发素的广告。这款护发素的特点是深层滋养修复受损发质，提供48小时持久柔顺，蕴含自然薰衣草精油带来的舒缓香气。

3．现有一款夏日清凉必备的天然亚麻凉席，其亮点包括：采用纯天然亚麻材质，亲肤透气，即使在炎炎夏日，也能带来干爽睡眠体验；边缘精细缝制，搭配优雅流苏设计，增添卧室的自然风情；独特的三层加厚结构，既保证了凉爽度，又兼顾舒适性，长时间使用也不易变形。原价399元，夏日特惠价199元。现需创作一段短视频宣传此凉席，请为其写作短视频脚本。

4．现有一款智能衣架，该衣架具有智能传感、远程控制、除菌防霉等多种功能，能够为用户带来更加智能便捷的生活体验。请为该智能衣架写作一篇小红书文案（配套资源：\素材\项目六\智能衣架1.jpg、智能衣架2.jpg、智能衣架3.jpg）。

5．某品牌推出一款名为"音界穿梭E500"的蓝牙耳机，具有卓越的音质、超长续航，以及极佳的佩戴舒适度。请在知乎上寻找与蓝牙耳机相关的热门问题，并撰写一份既能解答用户疑问，又能自然融入该蓝牙耳机的回答文案。

项目七
电商文案的排版与视觉设计

学习目标

【知识目标】

● 掌握文案排版基础知识。

● 掌握使用排版工具排版的方法。

【能力目标】

● 能够使用135编辑器进行长文章排版。

● 能够使用创客贴对海报文案进行排版。

【素养目标】

● 通过参观美术馆、浏览艺术作品、观看电影和舞台剧、学习行业优秀案例等方式提升审美能力。

● 提升版权意识，熟悉相关法律，在设计过程中避免侵权行为。

引导案例

一家茶饮品牌推出春节限定系列饮品，并发布一款富有视觉吸引力的海报文案。该海报文案的主标题"春日限定，自然之味"采用形态轻盈的字体，模拟春风拂面般的轻盈感，与饮品设计理念契合。主标题下方的副标题（介绍饮品的具体信息）则选择清晰易读的黑体，以保证信息传递的高效。整个海报文案以绿色调为主，象征春天的生机勃勃，饮品杯壁自带的明黄色作为辅助色，与绿色形成互补，效果十分和谐。该海报文案在微博上一经发布，就获得了较多用户的点赞和转发，使饮品的推广信息得到广泛传播。

在互联网时代，视觉效果对电商文案来说至关重要，优秀的电商文案视觉设计通过对各种视觉元素的调动刺激用户，能够成功吸引用户的眼球，有助于达到预期的营销目的。

任务一　文案排版基础

【任务引入】

对于电商文案写作者来说，需要学会一些文案排版和视觉设计的方法与技巧，才能提升整个文案的水准，并激发用户的购买欲望。而要掌握文案排版和视觉设计的实践方法，首先需要掌握文案排版的基础知识。

【相关知识】

一、版式布局

根据展现形式，可以将电商文案分为图片式文案和文字式文案两种类型，二者的版式布局有很大不同，下面分别进行介绍。

（一）图片式文案的版式布局

图片式文案主要通过视觉图像传达信息，结合少量文字直接展示商品特色或促销信息。图片式文案的版式布局主要有以下3种。

1. 中心分布

中心分布布局方式是在画面中心位置放置文案内容，可以给用户一种稳定、端庄的感觉，并使其产生中心透视感，如图7-1所示。

图7-1　中心分布布局的文案

点评：图中是某玩具电商商家的促销海报文案，其采用了中心分布布局方式。但为避免画面呆板，文案写作者使用了多个不同颜色的圆形形状，以及白色线条进行灵活搭配，在增强画面的灵动感的同时也使文案更容易吸引用户的目光。

2. 上下/左右分布

上下/左右分布是大部分图片式文案采用的布局方式，其优势在于容易平衡版式，内容文案区别对应性强，如图7-2所示。

图 7-2　上下 / 左右分布布局的文案

点评：图中文案采用了上下/左右分布布局方式，能够将不同的信息类型（即文字和图案）有序地安排在不同区域，形成了明显的视觉层次，在视觉上给用户一种稳定和谐的感觉。

3．对角线分布

对角线分布指将图片、文字等进行倾斜排放，使版面增加动感并造成不稳定效果的布局方式，与以上两种布局方式相比更具视觉冲击力，不呆板，如图7-3所示。

图 7-3　对角线分布布局的文案

点评：图中的两只中性笔被排列成一条斜线，贯穿整个画面，这种布局方式打破了常规水平或垂直方向上的平衡感，给人一种新鲜和活力十足的感觉。

（二）文字式文案的版式布局

文字式文案以文字为主，排版要注意信息层次分明、易于理解。具体来说，文字式文案的排版需要遵循如下要求。

◆ **标题层次清晰：** 主标题应醒目、吸引人，通常使用较大字号和加粗处理。副标题可以用稍小字号进行区分。

◆ **段落简短：** 每段文字不宜过长，保持在4～5行，便于快速扫描阅读。避免大量文字堆砌，适当使用空行分隔段落，增加可读性。

◆ **强调关键信息：** 通过加粗、斜体、下划线或者不同颜色突出重要词语或句子，如商品亮点、优惠信息等。对于一系列特点或优势，则使用无序或有序列表呈现，以便用户快速捕捉要点。

◆ **图片与文字结合：** 即使是以文字为主的文案，也应适当插入相关图片或图标辅助说明，如商品示意图、数据图表等，做到图文并茂。

◆ **留白：** 合理的留白能让页面看起来更加整洁，减少阅读压力，提升整体美感。

◆ **对齐与间距：** 统一文本对齐（通常为左对齐或两端对齐）方式，保持行间距、段落间距一致，以保持页面布局的整洁性和协调性。

图7-4所示为某文字式文案的版式布局。

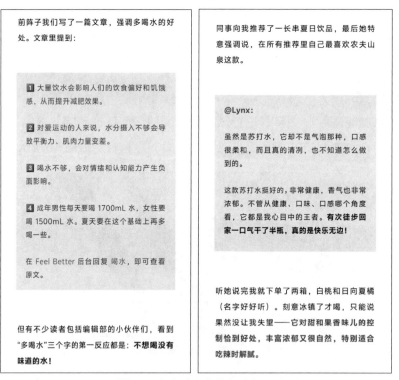

图7-4　文字式文案的版式布局

点评： 该文案采用专门的色块呈现引用的内容，使其与其他内容形成区分；对需要重点强调的文字使用不同的颜色，并进行加粗处理，使其更加醒目。图7-4左图中还使用小序号呈现不同的要点，以体现更强的层次感。此外，在文案排版中进行适当的留白，让用户阅读起来更加轻松。

二、字体设计

电商文案表达主题的载体主要是文字，设计文字字体可以提高文案整体的美观性，以增强图像的传达效果，提高文案的诉求力。设计电商文案中的文字字体主要包括以下两个方面的内容。

（一）选择文字的字体类型

不同字体类型的文字在视觉上会带给用户不同的感受，如科技类和运动类的商品，其文案通常会选择字形挺拔、粗犷、棱角分明的硬性字体。这类字体气势突出、视觉冲击力强、个性张扬有力、节奏分明，可以用于表现强烈的信心和勇气，带给用户视觉上的震撼。文案写作者在选择电商文案的字体时，要根据品牌的风格和商品的特点进行设计，以便能更好地体现文案主题，并向用户准确地传达商品的设计理念和营销信息。电商文案中的常用字体主要包括宋体类、艺术体类、黑体类和书法体类4种类型。

> **小提示**
>
> 选择字体时要考虑大部分用户的文化背景和字体识别能力，确保字体清晰易读；文案中的字体尽量不超过两种，避免文案显得杂乱无章，在文案内容有限的情况下，保留一种字体即可；网络中很多字体都有版权，因此电商文案写作者应该谨慎选用，尽量选择常规、易用的字体写作文案。而"方正字库""汉仪字库"或"喵呜体""静蕾体"等独创性较高的字体，要在购买版权后才能使用。

1. 宋体类

宋体是比较传统的字体，其字形较方正、纤细，结构严谨，整体带给用户一种秀气端庄、舒适醒目的感受。宋体类字体在电商文案视觉设计中常用于女性消费品海报的排版，展示了商品柔美、优雅、生动的特性，如图7-5所示。常用的宋体类字体包括华文系列宋体、方正雅宋系列宋体、汉仪系列宋体等。

图7-5 宋体类字体

点评：图中是某化妆刷商品的海报文案，主要采用宋体类字体，字体风格秀气优雅，能让用户产生舒适的视觉体验。

2. 艺术体类

艺术体指一些非常规的特殊印刷用字体，其笔画和结构一般都进行了一些形象的再加工，常用的艺术体类字体包括娃娃体、新蒂小丸子体、金梅体、汉鼎、文鼎等。海报类（见图7-6）和新媒体平台中的电商文案常使用艺术体类字体，可以达到提升文案的艺术品位、美化文案版式、聚焦用户目光的效果。

点评：图中的"青年节 过轻生活"文字使用的是一种艺术类字体，看起来比较随意且有个性，可以表达自由、随性或者青春活力的感觉，贴合与"青年节"相关的主题。

图7-6　艺术体类字体

3. 黑体类

黑体又称方体或等线体，它没有衬线装饰，字形端庄，笔画横平竖直，笔迹粗细几乎一致。黑体类文字通常能够展现浓厚的商业气息，其字体比其他字体相对较粗，能够表现阳刚、气势、端正等意义，可用于大多数商品海报或商品详情页等大面积使用文字的页面中。常用的黑体类字体包括微软雅黑、方正黑体简体、方正大黑简体等，如图7-7所示。

点评：图中"Jeep一夏'满'有意思"这行文字采用黑体字体，所有的横划和竖划都是平行或者垂直的，没有任何弯曲或倾斜的部分，展示了字体的阳刚与气势。这种粗犷有力的黑体类字体与"Jeep"汽车的品牌形象十分契合。

4. 书法体类

书法体指具有书法风格的字体，常用的书法体类字体包括隶书、行书、草书、篆书和楷书等。书法体具有较强的文化底蕴，字形自由多变、顿挫有

图7-7　黑体类字体

力，在力量中掺杂文化气息，具有传统、古典和文化风格的品牌与商品文案多采用书法体类文字，如图7-8所示。

图 7-8 书法体类字体

点评：图中的主要文字采用中国传统书法的表现手法，字体苍劲有力，笔触流畅自然，体现了浓郁的文化气息。字形变化丰富，笔画粗细、长短、曲直各不相同，展现了动态和韵律感。

（二）设计文字的字体对比

在确定文字的字体后，文案写作者还可通过设计文字的字体对比，让文案文字产生位置、大小和排版效果等方面的差异，将用户的视觉焦点集中到文案的内容上。文字的字体对比主要体现在大小粗细对比、疏密对比和方向对比3个方面。

1. 大小粗细对比

文字的大小粗细是体现信息重要性的主要依据。通常情况下，用于体现重要信息的文字会大而粗，用于体现次要信息的文字则小而细，让用户能够快速将视线锁定在重要信息上。

2. 疏密对比

文字疏密指文字之间的距离以及文字与段落之间的距离。文案写作者可以通过调整文字的疏密程度将不同字体、字号和颜色的文字分类隔开，从而让信息呈现得更加清晰，层次更加分明。图7-9所示的海报文案同时设计了字体的大小粗细、疏密对比。

点评：该海报文案使用较大、较粗的字体表现主标题"京东家电家居"，以吸引用户注意；然后用较小、较细的字体展示次要信息，体现文案的层次；最后，"焕新联盟盛典"几个字的排列较稀疏，与上下方的文字形成对比，以提升视觉美感。

图 7-9　字体大小粗细、疏密对比

3. 方向对比

文案中文字的排版方向可以直接影响用户的视觉感受，如果将不同的文字进行不同方向的呈现，可以有效增加版面的动感和空间感，向用户展示文字信息的不同层次和重要性，如图7-10所示。

图 7-10　字体方向对比

点评： 该海报文案的主要文字（主标题和谚语）采用竖向排列，次要文字（表示日期的文字等）采用横向排列，以突出层次感。

三、图文搭配

电商文案不是单调的文字排版，而是要图文并茂，通过精美的图片、华丽的视觉、时尚的设计、诱人的话题、个性张扬的主张和充满趣味的引导符号吸引用户关注，传播文案的精神内涵。在电商文案的排版与视觉设计中，需要将文字与图片相结合，通过图片使单调的文字活跃起来，具备一定时尚的、审美的设计，让用户在阅读过程中产生真正的精神享受。文字与图片结合的方式有以下3种。

（一）利用图片表达文字的意境

在文案中，图片不仅能展示商品和宣传品牌，还能通过与文字的直接结合，以象征或者比喻的方式表达文案所传递的信息，如图7-11所示。在进行文字与图片的结合时，可用视觉形象拓展文字的内涵和意境，使信息传达得准确完整。

图 7-11　利用图片表达文字的意境

点评： 该图为中国农业银行在立春节气发布的文案，通过文字"万木生新芽，风暖颂佳音"体现春意，与图片中的新芽、五线谱相呼应，淡绿色的背景也凸显了昂扬的生机，给用户留下了深刻的印象。

（二）图文融为一体

在排版和视觉设计中，要实现将图文融为一体，一个比较简单的方式就是使图片与文字形成交错。图文交错会带给用户一种空间感，不仅能让图片和文字产生互动，而且能使文字的呈现方式更加富有创意，从而提升文案的视觉表现力，如图7-12所示。

图 7-12　图文融为一体

点评： 该海报文案将"立春"二字与图片中的山、河流的形状相融合，既美观又有创意。

（三）根据文字设计图片

图片和文字的结合也可以表现为根据文字设计图片，这要求图片内容能准确地对应文案的主题。利用形象化的图片展示文字的内容信息，可以巧妙地展现文案的视觉冲击力，给用户以完整、深刻的印象，如图7-13所示。

点评： 该海报文案中的文字是"她力量　美绽放"，图片则根据文字设计了一个正在舞蹈的女子，背景是一朵绽放的花，既展现了视觉冲击力，又给用户留下了深刻印象。

✎ **素养提升**

审美能力对于电商文案排版和视觉设计来说至关重要。文案写作者可以通过参观美术馆、浏览艺术作品、观看电影和舞台剧等，激发自己的创造力和对美的感知能力。此外，还可以多分析并学习行业优秀案例，思考这些文案成功的原因，并从中汲取灵感。

图 7-13　根据文字设计图片

四、色彩搭配

在电商文案的排版与视觉设计中，除版式、文字和图片外，色彩搭配也非常重要。在电商文案中，赏心悦目的色彩搭配能够帮助用户建立对商品和品牌的直观感受，让用户愿意停留更多的时间浏览文案内容，从而提高商品的销售量和品牌的被关注度。文案写作者在进行色彩搭配时要注意以下要点。

（一）以品牌色为基础

首先确保使用的色彩与品牌形象保持一致。如果品牌有标志性的颜色，如京东的红色、瑞幸的蓝色，应将这些色彩融入文案排版中（见图7-14），以增强品牌识别度。

点评：该图为瑞幸发布的文案，图中下方大面积使用蓝色，呼应瑞幸品牌Logo的颜色，加深用户对品牌的印象。

（二）不宜过于花哨

虽然色彩丰富能吸引用户，但过多的色彩会使页面显得杂乱无章。通常选择2～3种主要色彩，并辅以中性色（如黑、白、灰）平衡视觉效果，保持整体的简洁感。

（三）对比与和谐

图 7-14 以品牌色为基础

利用互补色（互补色指色相环中呈180°对应的两种颜色，如红色和绿色、黄色和紫色等）的对比突出显示重要信息，如标题、价格、优惠信息等，使它们从背景中脱颖而出，如图7-15所示。利用类似色（色相环中彼此接近的颜色，如红色与橙色、黄色与绿色、蓝色与绿色等）的协调搭配营造平和、协调的视觉效果，保持整体色彩的和谐，避免过多鲜艳的色彩所导致的视觉疲劳。

图 7-15 色彩对比

点评：图中文字主要使用黑色，背景色为浅灰色，二者形成明显的对比，有助于使文字内容更醒目、更易读，搭配效果也较和谐。

> **小提示**　色相环是一种将可见光谱中的颜色按照其在光谱中出现的顺序排列，并将两端相连形成的一个环状模型。

（四）考虑色彩的情感反应

不同的色彩能引发不同的情感反应。例如，蓝色给人安全、信任的感觉，适合科技商品（见图7-16）；粉色和紫色则常用于女性或美妆商品，传递柔和、优雅的信息。应确保色彩选择与商品调性相匹配。

点评：该图是小米发布的海报文案，主要采用蓝色系的商品和背景色，给人一种高科技、现代化的感觉，与小米作为一家科技公司的品牌形象相符。海报的背景色也是蓝色渐变的效果，这种设计不仅能增加层次感，而且给人一种广阔无垠、充满未来感的空间印象。

图 7-16　使用蓝色

（五）契合季节与节日

根据季节变换或特定节日调整色彩方案，如端午节使用绿色、棕色配色（粽子的颜色），春节使用红色、金色等喜庆色彩（见图7-17），能更好地吸引用户并营造节日氛围。

图 7-17　使用红色、金色

点评：这张图片采用传统春节红金配色方案，以表达欢乐和庆祝的气氛。红色占据大部分空间，金色则作为点缀，符合春节的主题，容易吸引用户的注意。

任务二 使用排版工具排版

【任务引入】

文案排版对文案写作者的审美能力和设计软件操作能力有较高的要求，这对新手来说可能暂时难以达到。文案写作者可以借助网络上的排版工具保证排版的美观性，提高排版的效率。

【相关知识】

一、长文章排版

长文章提供深入且详尽的信息，包含多个论点、细节或案例分析，适合深度阅读。由于篇幅较长，长文章特别强调可读性，需要通过合适的字体大小、行间距、段落间距、小标题等方式优化阅读体验。

当前网络上有很多专业的排版工具，文案写作者可以使用其提供的模板快速完成排版，并保证排版的美观性。对于长文章排版而言，135编辑器是一个很实用的工具。这里使用135编辑器为一篇微信公众号文案排版，其具体操作如下。

微课视频

长文章排版

（1）进入135编辑器网站，单击右上角的 登录/注册 按钮，在打开的对话框中使用微信扫码的方式登录。

（2）在首页上方导航栏中选择"进入编辑器"选项，在打开页面左侧的导航栏中选择"模板"选项，在样式展示区中单击选中"免费"复选框，在打开的界面中选择模板样式（ID：135283），将鼠标指针移到该样式上，单击 整套使用 按钮，如图7-18所示。

图 7-18 选择并使用模板

（3）在编辑区中出现该模板的所有样式模块，选择第一个模块，在打开的"样式操作"面板中单击 删除 按钮将其删去。选择第二个模块，删去所有文字，将素材文件（配套资源：\素材\项目七\排版文章.docx）中的第一段文字复制后粘贴到此处，选中该段文字，单击出现面板中的第一个列表右侧的下拉按钮■，在打开的列表中选择"默认字体"选项，如图7-19所示。

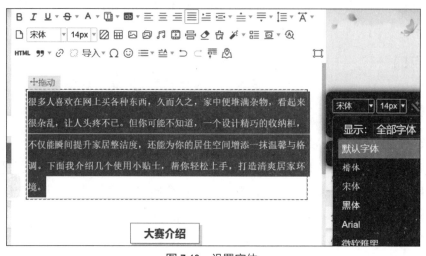

图 7-19　设置字体

（4）选择该段文字所在模块，在打开的"样式操作"面板中单击 变换样式 按钮，在页面左侧的导航栏中选择"样式"选项，在样式展示区中单击选中"免费"复选框，然后在打开的界面中选择模板样式（ID：114706）。修改样式后的效果如图7-20所示。

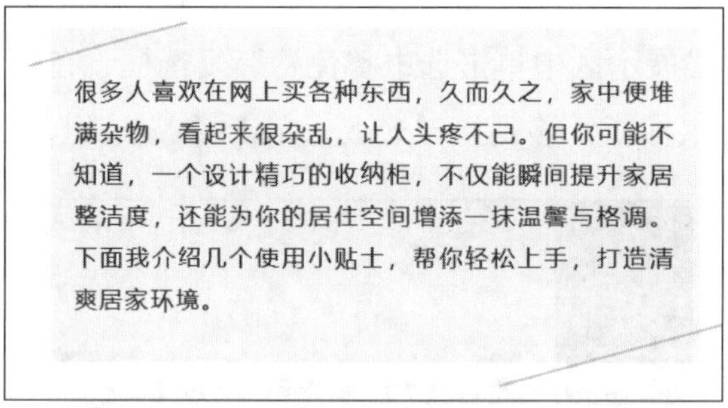

图 7-20　修改样式后的效果

（5）选择黄色标题文字"大赛介绍"，将其修改为"按需分配空间"，按照前述方法调整文字的字体为默认字体。选择该模块的图片，在打开的"图片"面板中单击 换图 按钮，在打开的"多图上传"对话框中单击"本地上传"选项卡，在打开的界面中单击 普通图片上传 按钮，在打开的"打开"对话框中选择需要的图片（配套资源：\素材\项目七\排版文章1.png），单击 打开(O) 按钮，返回"多图上传"对话框，单击 确定 按钮，如图7-21所示。

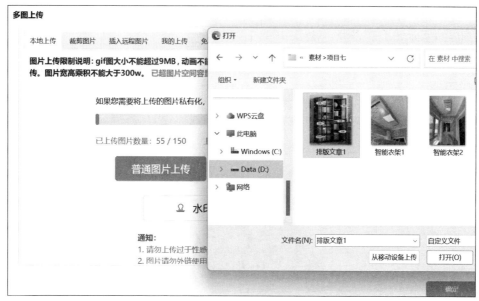

图 7-21　上传图片

（6）选择图片下方的文字，将其删除，并将排版文章.docx中"一、按需分配空间"段落的内容复制后粘贴到此处，调整文字的字体为默认字体。

（7）在标题为"大赛进行时""大赛小结"的模块中按照相同的方法将标题修改为"分类存放""定期清理"，将模块中的文字内容修改为排版文章.docx中对应标题下的内容，把修改后的标题和文字的字体设置为默认字体。

（8）选择"分类存放""定期清理"模块的图片，分别将其替换为需要的图片（配套资源：\素材\项目七\排版文章2.png、排版文章3.png）。

（9）选择模板中的最后一段文字，将其删去，将排版文章.docx中最后一段的内容复制后粘贴到此处，调整文字的字体为默认字体。

（10）选择下方的二维码模块，在打开的"样式操作"面板中单击$\boxed{删除}$按钮将其删除。

（11）在编辑区右侧单击 快速保存 按钮保存排版文章，如图7-22所示。此时排版文章将以草稿形式保存。

（12）在左侧导航栏中选择"我的文章"选项，在打开的展示区中可以看到刚保存的草稿，将鼠标指针移至该文章上单击"编辑文章标题"按钮，在打开的文本框中输入文章标题"还在为家中杂物无处摆放而感到烦恼？试试这款神器"，单击"保存文章标题"按钮，如图7-23所示。

图 7-22　快速保存

图 7-23　编辑并保存文章标题

（13）单击标题下方的"预览"按钮，即可在打开的页面中预览该文章的排版效果，如图7-24所示（配套资源：\效果\项目七\文案排版.jpg）。

图7-24　预览排版效果

（14）返回排版页面，在功能区中单击 复制使用 按钮，在对应的微信公众号后台或者网站内容发布页面中按【Ctrl+V】组合键粘贴内容，即可发布长文章。

　　除135编辑器外，长文章排版工具还有秀米编辑器、365编辑器、i排版等，这些排版工具均可提供丰富的模板和设计元素，适合不同需求的用户进行文章排版与美化。

二、海报文案排版

海报文案的排版与长文章排版有所不同，它更注重视觉冲击力和瞬间传达信息的能力，需要通过字体大小、颜色对比、位置布局等手段突出核心信息或卖点，引导用户视线。

微课视频

海报文案排版

当前支持海报文案排版的工具有很多，如创客贴、Fotor懒设计、稿定设计、Canva可画等。其中，创客贴是使用率较高的一款设计工具，可提供大量图片、字体和模板等素材，有助于文案写作者轻松地设计出精美的海报文案。这里使用创客贴为某水果网店设计商品海报，以推广其主推商品——柠檬，其具体步骤如下。

（1）进入并登录创客贴网站，在操作界面左侧的导航栏中选择"模板中心"选项，在打开页面的搜索框中输入"美食"文本，在打开页面中的"行业"栏中选择"生鲜果蔬"选项，在"全部模板"选项卡中将鼠标指针移到需要编辑的模板上。这里选择写有"牛油果"字样的模板，单击右上角的"编辑"按钮 编辑 ，如图7-25所示。

图 7-25　选择模板

（2）在打开页面的左侧导航栏中单击"上传"选项卡，在打开的界面中单击 上传素材 按钮，在打开的"打开"对话框中选择需要的图片（配套资源：\素材\项目七\柠檬图片.png），单击 打开(O) 按钮，如图7-26所示。此时，"图片"选项卡中显示上传的图片。

（3）在右侧编辑区中分别选择"FRESH>"文字和"尝鲜特惠价36元/斤"文字及其周围的白色形状，按【Delete】键将其删除。

（4）选择原来的牛油果图片，按【Delete】键将其删除。将鼠标指针移到左侧列表中的柠檬图片上，将其拖动到原来图片所占位置。将鼠标指针移到图片右下角并向右下方拖曳，调整图片大小和位置，效果如图7-27所示。

图 7-26　上传图片

图 7-27　替换图片

（5）在左侧列表中单击"素材"选项卡，在打开的页面中单击"形状"按钮，在打开的界面中选择长椭圆形的形状，如图7-28所示。右侧编辑区中自动出现该形状，调整其大小，将其放置在柠檬的右下角。

（6）选择该形状，单击上方工具栏中的"调色板"按钮，在打开的"元素颜色"页面中的数值框中输入"#f5f390"，如图7-29所示。

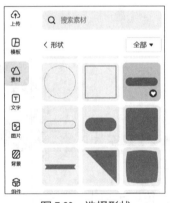

图 7-28　选择形状

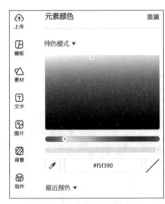

图 7-29　设置形状颜色

（7）在左侧列表中单击"文字"选项卡，在打开的页面中选择"点击添加副标题文字"选项，此时右侧编辑区中出现"双击修改文字"文字，双击该文字，将其修改为"特惠价9.9元/斤"，将其拖动到椭圆形形状内部，效果如图7-30所示。

（8）修改模板中的文字，删去多余的文字和形状。完成后的效果如图7-31所示。

（9）单击页面右上方的 下载 按钮，打开"下载作品"对话框，单击 下载 按钮，在打开的对话框中设置保存文件名和保存位置，将制作好的海报图片保存到计算机（配套资源：\效果\项目七\柠檬海报.jpg）。

图 7-30　添加文字　　　　　　　图 7-31　完成后的效果

项目实训

实训一　使用 135 编辑器为微信公众号文案排版

【实训背景】

　　某微信公众号为推荐重庆旅游打卡地，写作了一篇微信公众号文案，现需要排版该文案，使其呈现更好的视觉效果。

【实训要求】

　　使用135编辑器为该文案排版。

【实训步骤】

　　（1）打开135编辑器网站并登录，进入编辑器页面，在打开页面左侧的导航栏中选择"模板"选项，在打开的界面中搜索模板样式（ID：134602），将鼠标指针移到该样式上，单击 整套使用 按钮。

　　（2）在编辑区中选择第一个模块将其删除。在第二个模块中删除所有文字，将素材文件（配套资源：\素材\项目七\排版文章实训.docx）中的第一段文字复制后粘贴到此处，将其字体设置为默认字体。

　　（3）在下方的模块中将标题文字"客服篇"修改为"鹅岭二厂"，将模块中的文字内容修改为素材文件中对应标题下的内容，设置字体为默认字体。选择该模块的图片，在打开的"图片"面板中单击 换图 按钮，将其更换为需要的图片（配套资源：\素材\项目七\重庆1.png）。返回编辑区，删去图片右侧多余的文字和图案，排版后的效果如图7-32所示。

（4）在标题为"工程篇""秩序篇"的模块中按照相同的方法将标题修改为"洪崖洞""南滨路"。将这两个模块中的文字内容修改为素材文件中对应标题下的内容，设置字体为"默认字体"。

（5）选择"洪崖洞"模块的图片，将其更换为需要的图片（配套资源：\素材\项目七\重庆2.png），删去图片右侧多余的文字和图案，排版后的效果如图7-33所示。

图7-32 "鹅岭二厂"模块排版后的效果

图7-33 "洪崖洞"模块排版后的效果

（6）选择"南滨路"模块的图片，将其更换为需要的图片（配套资源：\素材\项目七\重庆3.png），删去图片右侧多余的文字和图案，排版后的效果如图7-34所示。

（7）在正文内容末尾连续按两次【Enter】键换行，在左侧导航栏中选择"样式"选项，在样式展示区上方导航栏中选择"正文/分割线"选项，在下方搜索框中搜索样式（ID：127152），将其插入版面中。

（8）将鼠标光标定位到下一行，将素材文件的最后一段文字复制后粘贴到此处，将字体设置为默认字体。

（9）选择下方的二维码模块将其删除。在编辑区右侧单击 快速保存 按钮保存文章，如图7-35所示。

（10）在左侧导航栏中选择"我的文章"选项，在打开的展示区中可以看到保存的草

稿。单击"编辑文章标题"按钮 ✐，在打开的文本框中输入文章标题"听劝的来看！盘点
重庆旅游必去打卡地，帮你少踩雷"，单击"保存文章标题"按钮 💾（配套资源：\效果\
项目七\文案排版实训.jpg）。

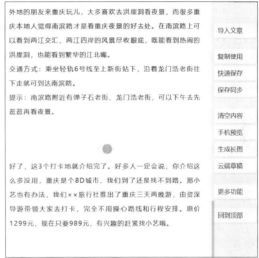

图7-34 "南滨路"模块排版后的效果　　　　　图7-35 保存文章

实训二 使用创客贴制作商品主图

【实训背景】

某网店打算上架一款玻璃杯，该款玻璃杯采用优质玻璃，杯身设计
了防烫用木套。现需要为其制作精美的商品主图，以吸引关注。

微课视频

使用创客贴
制作商品主图

【实训要求】

使用创客贴为该玻璃杯制作精美的商品主图。

【实训步骤】

（1）登录并进入创客贴，选择"模板中心"选项。在打开的页面中选择"场景"栏中
的"商品主图"选项，选择图7-36所示的第3个模板，单击该模板对应的"编辑"按钮。

（2）在打开页面的左侧导航栏中选择"上传"选项卡，上传需要的图片（配套资
源：\素材\项目七\玻璃杯.png），上传成功后，"图片"选项卡中将显示上传的图片。

图 7-36　选择模板

（3）在右侧编辑区中选择翡翠图片，按【Delete】键将其删除。将左侧列表中的保温杯图片拖动到原来翡翠图片所在位置（系统自动根据模板调整保温杯图片的方向，即将手掌调整到自左向右方向），以调整图片大小。

（4）将模板中的文字修改为需要的内容，删去多余的形状，制作好的主图效果如图7-37所示。

图 7-37　制作好的主图效果

（5）单击页面右上方的 下载 ▾ 按钮，打开"下载作品"对话框，选择文件类型、尺寸、使用类型，此处保持默认。然后单击 下载 按钮，将图片下载到计算机中（配套资源：\项目七\效果\玻璃杯主图.jpg）。

课后习题

1. 使用创客贴为某女包网站制作促销活动海报，促销方式为全场两件7折。

2. 使用135编辑器为一篇微信公众号文案排版（配套资源：\素材\项目七\排版文章课后练习.docx），要求插入相应图片（配套资源：\素材\项目七\儿童手表-视频通话和实时闲聊.png、儿童手表-智能定位.png、儿童手表-移动支付.png）。

3. 分析图7-38所示的海报文案的视觉设计，包括版式布局、色彩搭配、字体设计、图文搭配等方面。

图 7-38 海报文案的视觉设计

项目 八

AIGC电商文案写作

学习目标

【知识目标】

● 掌握AIGC写作的相关知识。

● 掌握使用AIGC工具写作电商文案的方法。

【能力目标】

● 能够使用AIGC工具写作网店商品展示文案、电商品牌文案。

● 能够使用AIGC工具写作直播话术、短视频脚本和小红书文案。

【素养目标】

● 意识到AIGC工具的应用潜力，积极探索AIGC工具的使用场景。

● 正确使用AIGC工具，避免使用AIGC工具生成违反法律、道德的内容。

引导案例

张某与朋友于2025年创办了一家文创工作室，专注于文创商品的设计服务。初期，因预算限制未聘请专业文案写作者，设计团队自行承担文案撰写职责，但成效不佳。

后来，张某开始尝试利用AIGC写作工具撰写文案，他像一名教练，向AIGC写作工具发出写作指令。AIGC写作工具完成文案后，张某会找出其中的问题，让AIGC写作工具持续优化，直到自己满意。虽然AIGC写作工具有时不太理解张某的想法，但张某从不泄气。让张某欣喜的是，经过一段时间的训练之后，AIGC写作工具能够渐渐理解张某理想中的语言风格与表达方式，其写作效果日渐提升。这使张某意识到AIGC写作工具在节省成本与提高效率方面的巨大潜力。

随着AI技术的不断发展和应用，AIGC写作在电商文案领域逐渐显示了其重要性，带来高效、自动化的文本生成方式，为电商文案创作提供全新的可能性。在这样的大背景下，文案写作者应该跟上时代发展的脚步，争取掌握AIGC写作的知识与技能。

任务一　AIGC写作概述

【任务引入】

AIGC写作，指利用人工智能技术，特别是自然语言处理（Natural Language Processing，NLP）、机器学习和深度学习等技术，让计算机系统自动生成文本内容的过程。这种技术可以根据预设的规则、模式或通过分析大量数据学习到的规律创作文章、故事、新闻报道、诗歌、广告文案等多种类型的文本。

【相关知识】

一、AIGC写作的优势

AIGC写作作为一种新兴的技术，正在逐渐改变传统的写作方式。AIGC写作不仅能够提高写作效率和准确性，还能为用户提供全面的写作支持。具体来说，AIGC写作优势体现在以下方面。

◆**提高效率：** AIGC工具能迅速生成文章，极大地缩短了写作所需的时间，使得文案写作者可以更快速地完成任务，从而提高整体工作效率。

◆**保证内容质量：** 基于强大的语言处理能力和算法，AIGC工具具备语法纠错和自动校对的功能，能够生成符合语法规范、拼写正确的文章，减少人为错误，从而保证文本的基本质量。

◆**批量创作：** 对于需要大量内容创作的场景，如新闻简报、商品描述等，AIGC工具能够根据设定的模板和关键词，批量生成内容，满足大规模内容生产的需求。

◆**多语言支持：** AIGC工具通常支持多种语言，能够帮助跨越语言障碍，以满足国际化的创作与传播需求。

◆**生成个性化、多样化的文本：** 通过学习特定的写作风格或个体的语言习惯，AIGC工具可以生成具有个人特色或符合特定情境风格的文本。此外，AIGC工具能够灵活地适应不同场景的需求，快速生成不同用途的文案，如商品描述、营销软文、新媒体文案等。

◆**持续学习与改进：** AIGC工具能够通过反馈循环不断学习和优化，随着时间推移，其生成的内容会更加贴合文案写作者提出的需求，质量也会提高。

二、常用的AIGC写作工具

AIGC写作工具指利用AI技术辅助写作的软件，能够实现自动化写作。目前，市面上的AIGC写作工具有很多，常见的有以下5种。

（一）ChatGPT

ChatGPT是由OpenAI公司开发的一个强大的对话式AI模型，可以进行自然语言交流，回答问题，生成对话和文字等。它可以生成文章、给出写作建议、解答问题、提供创意和灵感等。ChatGPT也可以帮助用户充分发挥创意，更高效地生成内容。无论是写作、交流，还是获取信息，ChatGPT都是一个有用的工具。

（二）文心一言

文心一言是百度全新一代知识增强大语言模型、对话式人工智能商品，能够与用户对话互动、回答问题、协助创作，高效便捷地帮助用户获取信息、知识和灵感。文心一言能为用户提供交互式的创作界面；用户则可以通过提出问题、添加条件或修改已有内容，与文心一言进行动态互动，共同完善作品。

（三）笔灵AI写作

笔灵AI写作是一款智能写作工具，专注于提高用户的写作效率和内容质量。笔灵AI写作涵盖广泛的写作场景，从学术研究到商业文案，再到个人创作，提供了多样化的服务和功能。笔灵AI写作能够根据用户提供的原文，快速生成不同表达方式的新文本，适用于想要增强文章多样性的用户。

（四）秘塔写作猫

秘塔写作猫是一款专为使用中文的用户设计的AIGC写作工具，集智能写作、校对、润色、配图等多种功能于一体，旨在帮助用户提高写作效率和质量。用户只需提供一个主题或简单的提纲，秘塔写作猫就能根据输入的内容自动生成一篇文章的初稿，包括文章大纲和正文内容。此外，秘塔写作猫能够根据文章内容为文章配图，使文章更加丰富，更具吸引力。

（五）小鱼AI写作

小鱼AI写作是一款在线智能AI写作平台，拥有超过2000个精品写作模板，覆盖不同场景，支持的内容类型包括短视频脚本、直播脚本、电商商品描述、海报文案、品牌介绍、公司介绍、影视解说、小说等，满足不同场景、用户的创作需求。小鱼AI写作提供写作、续写、关键词写文章、文章改写等功能，支持多种文本格式导入和导出。

三、AIGC写作的基本方法

在使用AIGC写作工具进行写作时，可以遵循以下基本方法，以确保创作出高效又高质量的内容。

（一）明确写作目的和需求

在开始使用AIGC写作工具写作之前，首先需要明确写作的目的和需求。其包括确定要写的内容类型（如商品描述、文案标题、品牌故事等）、主题、风格，以及目标用户群体。

（二）选择合适的AIGC写作工具

市面上有许多AIGC写作工具，每个工具都有自己的特色。例如，一些AIGC写作工具擅长生成新闻报道，而另一些AIGC写作工具则更擅长创作文案。根据自己的写作需求，选择一款功能强大、易于使用的AIGC写作工具。

（三）提供详细的输入指令

给AIGC写作工具提供清晰、具体的指令，包括文章的主题、关键词、想要探讨的要点、预期的写作风格（文艺、幽默、严肃科普等），以及特定要求（如引用来源、段落数量）。例如，使用AIGC写作工具写作一篇电商商品文案，可以指定具体的主题、商品或品牌，并附上相关背景信息。同时，说明文案的目标人群、所需传达的信息、期望的情感效果等。

（四）生成初稿并审阅

单击生成或类似按钮，让AIGC写作工具基于指令输出初稿。仔细审阅生成的内容，应重点检查事实准确性、逻辑连贯性和语言的流畅度。

（五）反馈循环

微课视频

反馈循环

根据审阅和编辑过程中发现的问题，向AIGC写作工具提出修改意见，让其重新生成部分或全部内容。这个过程可能需要几轮迭代，以逐步完善文章。图8-1所示为用户向AIGC写作工具提出写作要求，AIGC写作工具回答后，用户进一步提出优化意见的对话。

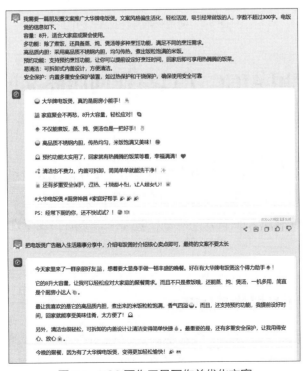

图 8-1　AIGC 写作工具写作并优化文案

（六）审阅和修改

虽然AIGC写作工具可以大大提高写作效率和质量，但它们并不能完全替代人类，其生成的文案依然可能存在一些语法、逻辑或风格上的问题。文案写作者要亲自审阅文案，修正错误，确保文案的质量和准确性。此外，还需要润色修改文案，如调整句子的流畅度、用词的准确性，以及确保文案符合品牌风格。

小提示

需要注意的是，上面提到的方法与下面介绍的具体文案的写作针对的都是 ChatGPT、文心一言等对话式 AI。而对于秘塔写作猫这类 AI 写作平台，使用的方法相对固定，文案写作者只需选择自己需要的写作功能（如关键词写文章、电商文案创作等），进入相关页面并按照提示输入需要的信息生成文案。图 8-2 所示为使用秘塔写作猫生成小红书文案的页面。

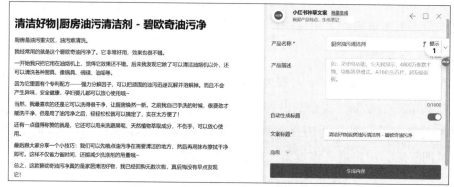

图 8-2　使用秘塔写作猫生成小红书文案

任务二　使用 AIGC 工具写作网店商品展示文案

【任务引入】

当前电商平台的竞争日趋激烈，网店商品展示文案逐渐成为吸引用户目光的关键。传统的人工写作效率不高，而使用AIGC工具写作网店商品展示文案，通过分析海量数据，能快速生成既符合品牌调性又能吸引目标用户的文案，从而实现个性化和精准营销。

【相关知识】

一、使用 AIGC 工具提炼商品卖点

使用AIGC工具提炼商品卖点不仅效率高，而且AI能够基于大量的数据和模式识别能力，提供新颖而独特的视角，帮助文案写作者寻找商

微课视频

使用 AIGC
工具提炼商品
卖点

品特性、提炼卖点。使用AIGC工具提炼商品卖点的操作十分简单，只需要向AIGC工具提供以下信息。

◆ **商品的详细信息：** 商品的规格、材质、外观设计、使用方法、特色功能等，以及商品的目标用户群体及其特点。

◆ **提炼卖点的要求：** 希望强调的卖点类型（如创新技术、环保特性、用户体验、品牌实力等），期望的卖点表述形式（如需要数据支撑、倾向于情感共鸣的表达、希望结合特定的场景应用进行描述）。

图8-3所示为使用文心一言提炼商品卖点的对话。

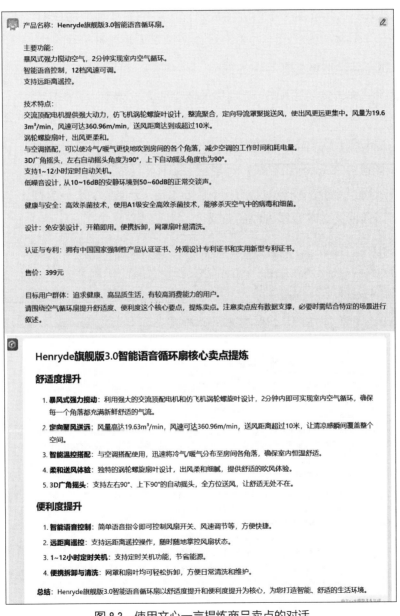

图 8-3　使用文心一言提炼商品卖点的对话

点评： 在图8-3中，提问者提供了较为详细的商品信息，明确了目标用户群体及其特点，这有助于文心一言更深入地理解商品。此外，还明确提出了提炼商品卖点的具体要求，即围绕舒适度和便利度提升进行提炼，并要求卖点有数据支撑、结合使用场景叙述，这有助于文心一言提炼有说服力、有感染力的卖点。

二、使用 AIGC 工具创作商品详情页文案

商品详情页文案主要通过图片和文字直观地呈现商品卖点，目前AIGC工具可以根据指令生成文字、图片。因此，文案写作者可以使用AIGC工具创作商品详情页文案中的文字内容，并让AIGC工具根据文字内容生成图片（生成图片功能的成熟度不高，很多时候仅能作为参考）。具体来说，文案写作者可以按照以下步骤进行写作。

（一）规划商品详情页文案写作方向

微课视频

规划商品
详情页文案
写作方向

首先，文案写作者需要向AIGC工具提供商品的卖点信息、品牌定位（如高端时尚、亲民平价等），以及目标用户需求与偏好，要求AIGC工具根据这些信息规划商品详情页文案的写作方向，包括语言风格、信息架构（如商品详情页文案的内容板块及其排列顺序）与布局建议（如是否需要优先展示用户评价、视频演示等）。图8-4所示为使用文心一言规划某女装的商品详情页文案写作方向的对话。

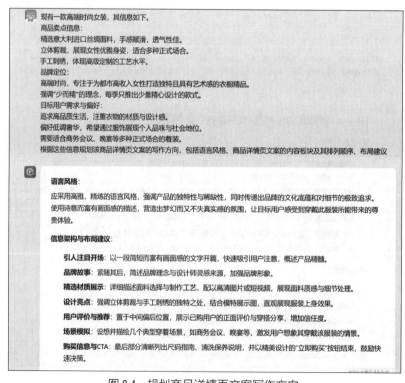

图 8-4 规划商品详情页文案写作方向

点评： 在图8-4中，提问者提供商品的卖点信息、品牌定位，以及目标用户需求与偏好。文心一言则针对高端时尚的品牌定位，确定采用高雅、精练的语言风格；并合理安排内容板块，提出布局的优化建议，合理安排视觉元素的位置。

（二）写作文案初稿

微课视频

写作文案初稿

根据规划的写作方向，要求AIGC工具写作各个内容板块的文案，并提醒AIGC工具商品详情页文案的特点——精练、使用短句，语言不能浮夸做作。AIGC工具根据提供的指导生成商品详情页的文案初稿。图8-5所示为使用文心一言写作高端女装的商品详情页文案初稿的对话。

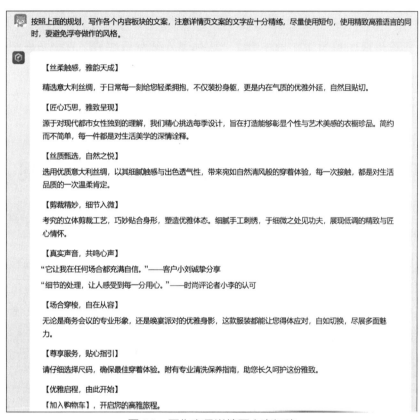

图 8-5 写作商品详情页文案初稿

点评： AIGC写作的商品详情页文案初稿很好地捕捉并传达了高端时尚女装的品牌形象和商品特色，整体结构清晰，语言风格有品位且不夸张，符合目标用户的审美和情感需求。

（三）生成图片

微课视频

生成图片

目前，文心一言等AIGC写作工具支持生成图片，文案写作者可以基于生成的文案内容描述想要的图片数量、风格、背景、主体，让其生成所需要的图片，如图8-6所示。

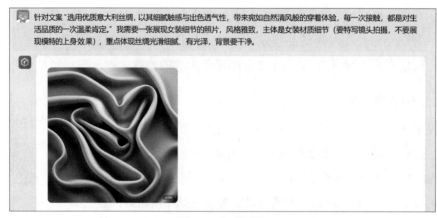

图 8-6　生成图片

点评： 要求生成图片的文字指令中，"主体是女装材质细节"直接指出图片应聚焦的主体，"风格雅致"指出期望的视觉效果，"不要展现模特的上身效果"这一要求界定了图像的构图范围。根据该指令，AIGC写作工具成功地生成了一张聚焦丝绸女装细节的图片，体现了丝绸的质感。

任务三　使用 AIGC 工具写作电商品牌文案

【任务引入】

电商品牌文案的创作要求语言流畅，具有美感，并且能准确传达品牌的核心价值，这并不是一项简单的任务。不过，文案写作者可以借助AIGC工具的帮助。通过深度学习品牌特性和目标市场的需求，AIGC工具能够协助文案写作者写作电商品牌文案，以提升电商品牌文案的吸引力和创作效率。

【相关知识】

一、使用 AIGC 工具创作电商品牌标语

品牌标语是电商品牌文案中的重要类型，使用AIGC工具创作电商品牌标语需要循序渐进，可按照以下步骤进行。

（一）分析品牌特征

输入品牌信息，包括品牌的名称、历史、愿景、核心价值观、商品/服务特色及目标市场等，要求AIGC工具分析品牌特征，如特色、目标用户及其在市场中的差异化定位。图8-7所示为使用文心一言分析某代餐食品品牌特征的对话。

微课视频

分析品牌特征

"活力源"品牌成立于2020年8月16日,专注于健康代餐零食的研发和销售。该品牌通过精心设计的产品系列和技术路线,为用户提供全面的体重管理、营养补充和健身支持解决方案。

"活力源"品牌的产品分为三大系列,轻卡系列、形控系列和曲致系列,每个系列都有其独特的功能定位。轻卡系列主打低碳水化合物、少脂肪和控制能量摄入,适合那些希望减少热量摄入的人群。形控系列则侧重于帮助用户平衡瘦身。而曲致系列则是为专业体脂管理设计,提供有针对性的解决方案。

"活力源"品牌的设计理念基于满足核心和次核心用户的不同需求,特别是针对18~35岁的女性,提供个性化的体重管理和营养补充解决方案。
分析该品牌的产品创新性、目标用户及其在市场中的差异化定位。

"活力源"品牌分析

一、产品创新性

"活力源"品牌通过系列化产品(轻卡、形控、曲致系列)和科学配方,满足了不同用户的体重管理和营养需求,体现了其产品的创新性。

二、目标用户

"活力源"品牌主要瞄准18~35岁的女性,这部分人群关注健康、体重管理和营养补充,是品牌的核心用户。

三、市场中的差异化定位

"活力源"品牌专注于健康代餐零食,通过个性化解决方案和科学配方,与市场上其他品牌形成差异化竞争,满足了目标用户的特定需求。

图 8-7　分析品牌特征

点评： 在图8-7中,提问者提供了比较详细的品牌信息,包括品牌名称、商品特色、目标用户及市场定位等,逻辑清晰,涵盖品牌分析的关键要素,有利于文心一言进行全面的解答。而文心一言回答的内容也比较详实,涵盖品牌的主要特点和竞争优势等。

(二)确定品牌标语的风格和情感基调

要求AIGC工具根据品牌特征分析的结果,确定品牌标语的风格(如文艺优雅、简短有力、激励鼓舞、幽默风趣等)和应当传达的情感基调(阳光向上、温馨友好、怀旧复古等)。图8-8所示为使用文心一言确定品牌标语的风格和情感基调的对话。

微课视频

确定品牌标语的风格和情感基调

根据品牌特征分析的结果,确定品牌标语的风格(如文艺优雅、简短有力、激励鼓舞、幽默风趣等)和应当传达的情感基调(阳光向上、温馨友好、怀旧复古等),以便后续制定品牌口号。

根据对"活力源"品牌的分析结果,我们可以确定品牌标语的风格和应当传达的情感基调如下:

风格:简短有力

选择"简短有力"的风格是因为"活力源"品牌注重产品的直接效果,强调产品的实用性和功能性。简短有力的标语能够迅速抓住用户的注意力,直接传达品牌的核心价值和产品特点。

情感基调:阳光向上

"活力源"品牌的目标用户是18~35岁的女性,这部分人群通常充满活力和热情,追求积极向上的生活方式。因此,品牌标语应当传达出阳光向上的情感基调,鼓励用户积极面对生活,追求健康、美丽的自己。

图 8-8　确定品牌标语的风格和情感基调

点评： 在图8-8中，提问者在提问时给出风格和情感基调的示例，有效地帮助了文心一言正确理解二者的含义。而AIGC工具将品牌标语的风格确定为简短有力，以便快速传达品牌的核心价值和商品特点；将情感基调确定为阳光向上，这是因为目标用户是充满活力和热情的18～35岁女性，阳光向上的情感基调更能契合这群人的喜好。总体而言，文心一言的回答准确地体现了品牌的特点和目标用户的需求，为后续制定品牌口号提供了良好的基础。

（三）细化写作要求

根据确定的风格和情感基调，明确品牌标语的具体写作要求，如字数限制、是否包含品牌名称等、预期效果等，要求AIGC工具生成品牌标语初稿。图8-9所示为使用文心一言写作品牌标语的对话。

微课视频

细化写作要求

基于我们先前对"活力源"品牌的讨论，了解到它需要一个既简短有力又阳光向上的品牌标语，以吸引18～35岁追求健康的女性用户。请利用这些指导原则，结合品牌专注于提供创新、健康、高效的代餐解决方案的核心价值，为该品牌设计三条标语候选。每条标语应不超过20个字，巧妙融入品牌名称"活力源"，体现品牌主营是代餐食品，并传达出积极的生活态度、健康的生活方式改变以及对美好体型的追求。请确保每条标语都富有感染力，能够激发目标用户的共鸣和行动欲望。

基于上述指导原则，我为"活力源"品牌设计了以下三条简短有力、阳光向上的品牌标语候选：

1. **活力源代餐，健康启航新选择！**
   - **解释：** 此标语直接体现了品牌名称"活力源"和主营的代餐食品，同时传达了选择活力源代餐是健康生活的起点。
2. **选活力源，享美丽人生！**
   - **解释：** 通过"选"和"享"两个动词，激发用户的行动欲望，同时传达出使用活力源代餐可以带来美好的体型和人生体验。
3. **活力源，你变美的"源"动力！**
   - **解释：** 此标语巧妙地将"活力源"与"源动力"相联系，突出品牌为用户提供的不仅是代餐食品，更是改变、追求美好的动力源泉。

图 8-9　写作品牌标语

点评： 在图8-9中，提问者明确地提出了品牌标语的具体要求，包括字数限制、融入品牌名称、传递积极的生活态度和健康的生活方式等。文心一言生成的初稿很好地满足了这些要求，初稿中的每条标语都巧妙地融合了品牌名称"活力源"，体现了品牌主营的商品为代餐食品，并传达了积极的生活态度、健康的生活方式，以及对美好体型的追求。

二、使用 AIGC 工具创作电商品牌故事

品牌故事篇幅相对更长，使用AIGC工具创作时需要先确定总体故事框架、再添加细节，最后生成品牌故事。

（一）输入品牌相关资料

向AIGC工具输入品牌的相关资料，包括核心价值、目标用户和市场定位，发展历

程、创始人经历、商品特点、设计理念、重要里程碑事件、用户评价和市场反馈等信息。
这些信息将为AIGC工具提供丰富的创作素材。

（二）设计不同类型的故事框架

微课视频

设计不同类型
的故事框架

要求AIGC工具根据品牌相关资料，设计切入点不同的品牌故事框架，如侧重于品牌创始人经历的故事、表现用户与品牌之间渊源的故事、展现品牌理念的故事等。图8-10所示为使用文心一言设计不同类型的故事框架的对话。

品牌概况简述：
绿野家居，以"人类与自然和谐共生"为核心价值，专注于使用可回收、可再生材料，打造既环保又兼具美学与功能性的家具。目标定位高端市场，注重环保意识的消费者，通过线上线下融合，树立环保家具领导品牌形象。

创始人经历：
张明，一位家具设计领域的资深人士，在一次亲近自然的旅行中深受触动，决定将对自然的敬畏转化为实际行动。2015年，张明创立绿野家居，初期专注于户外环保家具的创新。随着技术与市场的双重推动，品牌逐渐转向室内家具市场，推出竹制与再生塑料系列，赢得市场好评。近年来，绿野家居在张明的带领下，凭借独特的环保理念和卓越设计，吸引了投资，加速全球扩张，成为行业典范。

品牌理念与影响：
绿野家居设计团队追求自然与家居的完美融合，每件产品不仅是家具，更是自然与生活的桥梁。品牌屡获国际奖项，与顶尖设计师合作，实现碳中和生产，赢得高度市场认可，尤其是在年轻高知群体中建立了坚实的品牌忠诚度。
现需要为绿野家居写作品牌故事，请根据品牌相关资料，设计不同切入点的品牌故事框架（简要概述情节即可，不要太长），如侧重于品牌创始人经历的故事、表现用户与品牌之间渊源的故事、展现品牌理念的故事等。

品牌故事框架一：创始人传奇之旅

故事标题：《绿野的起点：张明的自然之旅与创业之路》

情节概述：

张明，一位痴迷于自然的家具设计师，在一次徒步穿越深山的旅程中，被大自然的壮丽景色深深打动。他目睹了自然资源的丰富与脆弱，感受到人与自然之间不可分割的联系。这次经历成为他创业的契机。回到城市后，张明决定创立绿野家居，将自然之美融入家具设计中，并使用可回收材料来减少环境负担。经过不懈努力，绿野家居逐渐崭露头角，成为环保家具领域的佼佼者。

品牌故事框架二：用户与品牌的情感纽带

故事标题：《遇见绿野，遇见家的温暖》

情节概述：

王莉是一位注重生活品质的设计师，她一直在寻找能够完美融合自然与家居的家具品牌。一天，她偶然走进了绿野家居的展厅，被那些充满自然韵味和美学价值的家具所吸引。她决定购买一套绿野家居的家具，为自己的家增添一份温馨与舒适。随着时间的推移，王莉越来越喜欢绿野家居的产品，她感受到家具中蕴含的环保理念和自然之美。于是，她成为绿野家居的忠实粉丝，并向身边的朋友推荐这个品牌。

品牌故事框架三：品牌理念的实践与传承

故事标题：《绿野之韵：环保与美学的完美融合》

情节概述：

绿野家居的设计团队始终秉持着"人类与自然和谐共生"的核心理念。他们深入研究各种可回收材料，探索其在家具设计中的应用。在一次次的设计实验中，他们成功将自然元素融入家具设计中，打造出既环保又兼具美学与功能性的产品。同时，绿野家居还积极与顶尖设计师合作，共同打造出更多具有创新性和艺术性的家具作品。为了实现碳中和生产，绿野家居不断优化生产工艺，采用环保材料，并推动绿色供应链的建设。这些努力让绿野家居成为一个真正意义上的环保家具品牌，赢得了市场的广泛认可和赞誉。

由文心大模型 3.5 生成

图 8-10　设计不同类型的故事框架

点评： 提问者提供足够的信息，包括品牌的基本情况、品牌创始人经历、用户与品牌之间的联系，以及品牌的理念，这能帮助文心一言更好地理解需求。而文心一言提供了三个主题不同的故事框架，这些故事框架基于品牌的核心价值和理念，可以突出品牌在环保、美学和功能方面的优势。

（三）添加故事细节

微课视频

添加故事细节

仔细阅读AIGC工具提供的每个故事框架，根据品牌传播的目标、当前市场策略，以及目标用户的偏好，选择一个最能引起共鸣、最具代表性和传播潜力的故事框架。然后要求AIGC工具以其为基础，添加更多故事细节，以增强故事的吸引力和感染力。图8-11所示为使用文心一言添加故事细节的对话。

图 8-11　添加故事细节

点评： 文心一言的回答为提问者提供了更多的故事细节，描绘了张明在创立绿野家居品牌的过程中遇到的挑战，以及他的环保理念和对自然的敬仰，使原本的故事框架更加丰满和动人。

（四）生成品牌故事

微课视频

生成品牌故事

以前面生成的故事框架和故事细节为基础，要求AIGC工具生成一篇品牌故事，并说明品牌故事的具体要求，如体现品牌理念、加入生动具体的场景描述、增加主角的性格刻画、设置适度的冲突，以确保故事能够触动人心等，如图8-12所示。AIGC工具生成后，文案写作者还需要审查、优化品牌故事。

以"品牌故事框架一：创始人传奇之旅"为基础，为其设计更多故事细节（列出细节即可，不必写出整个故事），使其更加生动，有吸引力。

绿野的起点：张明的自然之旅与创业之路

在繁忙的都市生活中，张明总是渴望寻找一份宁静与纯粹。一次偶然的机会，他背起行囊，踏上了徒步穿越深山的旅程。

当张明偶然经过一片葱郁的竹林时，他被眼前的景象深深吸引。阳光透过竹叶，斑驳的光影在地面上跳跃，微风轻拂，竹叶沙沙作响，宛如一首宁静的乐章。这一刻，他仿佛听见了大自然的呼吸，感受到生命的脉动。张明被这种纯粹而美好的自然之美深深打动，他心中涌起一股强烈的冲动——要将这份美好带回家中，让更多人感受到自然的和谐与宁静。

回到家中，张明坐在窗前，脑海中不断回荡着那片竹林的美景。他思考着如何将这种自然的美好融入日常生活中，让人们在忙碌的生活中也能感受到大自然的恩赐。他想象着家中的每一件家具都能与自然和谐共生，为人们带来宁静与舒适。

张明开始着手研究如何将自然元素融入家具设计中。他回想起在山中看到的竹子，那是一种坚韧而富有生命力的材料。他坚信，竹子不仅能够满足环保的要求，还能将自然的美感融入家具之中。于是，他开始了艰难的探索之旅。

然而，设计之路并非一帆风顺。竹子的材质特殊，加工难度大，而且容易受潮变形。张明面临着巨大的挑战。但他并没有放弃，他不断地尝试新的工艺和材料，甚至亲自到竹林中挑选合适的竹子。每一次失败都让他更加坚定自己的信念，他相信只要坚持下去，一定能够找到理想的解决方案。

经过无数次的失败和尝试，张明终于找到了理想的解决方案。他带领团队使用竹子和再生塑料等环保材料，打造出既环保又兼具美学与功能性的家具。每一件产品都凝聚了他对自然的敬畏和热爱，也传达着他对环保事业的坚定信念。

绿野家居品牌诞生了。它不仅是一个家具品牌，更是一种生活态度的象征。在绿野家居的展厅里，人们可以感受到那份来自大自然的宁静与美好。每一件家具都仿佛是大自然的延伸，让人们在家中也能感受到自然的拥抱。

图 8-12　生成品牌故事

点评： 在图8-12中，提问者指定品牌故事的具体写作要求，这有助于文心一言的创作更具有针对性，以避免内容空洞或偏离主题。而文心一言给出的品牌故事不仅完整，而且强调张明的个人特质、创业历程和品牌理念，也加入具体的场景描写和冲突设定。当然，文案写作者还可以进一步润色该品牌故事，如加入人物动作、心理描写，增加对设计竹制家具波折的描述，使故事更加生动。

任务四　使用 AIGC 工具写作新媒体文案

【任务引入】

理论上讲，AIGC工具可以写作各种类型的文案，新媒体文案也不例外。新媒体文案具有互动性、时效性强的特点。而AIGC工具凭借对大数据的深度洞察，能精准捕捉市场风向与用户情绪，从而快速生成符合当下用户喜好的新媒体文案。

【相关知识】

一、使用 AIGC 工具写作直播话术

微课视频

使用 AIGC
工具写作直播
话术

通常来说，很多商家会频繁开启直播销售商品，而且每场直播都需要大量的直播话术，此时使用AIGC工具可以大大提高直播话术的写作效率，并保证直播话术的质量。在使用AIGC工具写作直播话术时，首先向AIGC工具输入直播背景信息，包括直播目的、时间、目标用户、主播人设、直播流程安排等。

接着，详细说明不同环节所需直播话术的具体要求，包括开场话术、商品介绍话术、互动话术、促单话术、下播话术等。其中，商品介绍话术还需要提供商品的详细信息。AIGC工具输出直播话术后，提问者可以提出修改意见，要求AIGC工具进一步优化，直至满意为止，如图8-13所示。

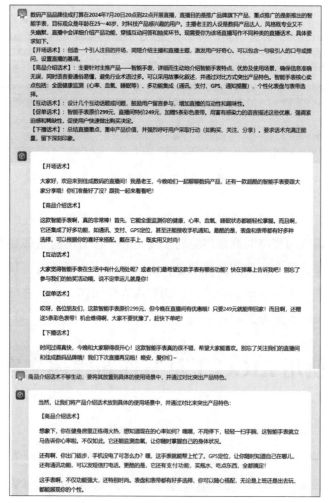

图 8-13　使用 AIGC 工具写作直播话术

点评：在图8-13中，提问者提供的直播背景信息全面、详实，直播话术写作要求语言清晰明了。AIGC工具输出的直播话术充分考虑了直播的目标用户和主播的人设，使用的都是易于理解且有趣的语言。针对商品介绍话术，提问者提出了进一步优化的要求；而被AIGC工具优化后的商品介绍话术更加生动形象，富有感染力。

二、使用 AIGC 工具写作短视频脚本

短视频脚本的写作涉及复杂的流程，通常需要花费大量的时间，而现在AIGC工具可以轻松地设计出完整、合理、具有可行性的短视频脚本，并提升短视频的吸引力。使用AIGC工具写作短视频脚本的步骤如下。

（一）提供创作信息并生成视频内容框架

短视频脚本创作的空间很大，如果直接让AIGC工具生成最终的脚本，效果往往与预期相差很大。因此，给AIGC工具赋予短视频创作者的身份，并提供短视频的创作信息，包括视频主题、目标用户、视频目的、营销主体信息（如推广商品/品牌的信息）等，要求AIGC工具生成短视频内容框架。图8-14所示为使用文生一言为"欣欣牌线圈笔记本"推广短视频生成内容框架的对话。

微课视频

提供创作信息
并生成视频
内容框架

你现在是著名的短视频博主，现在需要你帮我创作短视频脚本。相关信息如下。
视频主题：介绍与推广"欣欣牌线圈笔记本"，强调其高品质、实用性和性价比。
目标用户：学生、办公室职员、教育工作者
视频目的：通过展示产品特点和优势促进销售
商品信息：欣欣牌线圈笔记本，外壳采用PP磨砂材质，防水耐脏；线圈设计，可360°翻折；采用加厚纸张，书写顺滑不浸墨；促销价为4本9.9元
时长规划：30秒左右
请先为该短视频规划内容框架。

短视频脚本内容框架

一、开场（0至3秒）
- 背景音乐起，镜头迅速推进至产品。
- 旁白："实用好物来袭！欣欣牌线圈笔记本，不容错过！"

二、产品外观与材质（4至8秒）
- 镜头快速展示笔记本外观。
- 旁白："PP磨砂材质，防水耐脏，手感舒适。"

三、线圈设计（9至13秒）
- 镜头展示笔记本翻折动作。
- 旁白："360°翻折设计，左右书写都方便。"

四、纸张质量（14至18秒）
- 镜头切换至纸张和书写效果。
- 旁白："加厚纸张，书写顺滑，不浸墨。"

五、性价比与促销（19至24秒）
- 镜头展示价格标签或促销信息。
- 旁白："超高性价比！4本仅需9.9元！"

六、使用场景与结尾（25至30秒）
- 镜头聚焦在笔记本上，逐渐拉远。
- 旁白："无论是学习还是工作，欣欣牌都是你的得力助手。快来选购吧！"
- 屏幕上出现品牌Logo或购买链接。
- 背景音乐渐弱，视频结束。

图 8-14　提供创作信息并生成短视频内容框架

点评：图8-14中的提问者提供了详细的短视频创作信息，包括视频主题、目标用户、

视频目的、商品信息、时长规划等。而文心一言充分利用了这些信息，构建了一个详细的短视频脚本内容框架，涉及拍摄方式、商品展示方式等，不仅全面展示了商品特点和优势，还为后期拍摄短视频提供了指导。

（二）细化情景

微课视频

细化情景

有了短视频内容框架，还需要细化其中的每个段落的情景，如推广主体的展示方式、展示商品的动作、剧情演员的神态、背景与场景设置、音效与音乐、剪辑节奏、字幕样式等，应视短视频的内容而定。图8-15所示为使用文心一言细化"欣欣牌线圈笔记本"推广短视频情景的对话。

> 针对以上内容框架，对其中每个段落的情景进行细化，包括笔记本的展示方式、演示动作的具体操作、使用效果的体现方式、价格信息的呈现方式等。
>
> **一、开场（0至3秒）**
>
> 展示方式：镜头从一张整洁的桌面开始，缓缓推进，最终定格在笔记本的精美封面上。采用特写镜头，展现其材质、纹理及设计细节。
>
> **二、产品外观与材质（4至8秒）**
>
> 展示方式：首先从正面展示笔记本封面，聚焦在PP磨砂材质上，展示其细腻质感，确保品牌和设计清晰可见。随后，镜头缓慢移动至笔记本背部，展示背部细节，并模拟用手抚摸笔记本背部的动作，体现其舒适手感。
>
> **三、线圈设计（9至13秒）**
>
> 演示动作：镜头切换至展示笔记本翻折的过程。把笔记本反复翻折，展示其360°翻折的灵活性。然后，用力拉扯纸张，展示纸张与线圈连接的牢固性，确保纸张不会掉落。
>
> **四、纸张质量（14至18秒）**
>
> 体现方式：将镜头对准笔记本内页，用笔在纸上写下"加厚纸张，不浸墨"的字样。然后，迅速翻到纸张背面，展示背面依然干净整洁，没有任何墨水渗透的痕迹，以此证明纸张的不浸墨特性。
>
> **五、性价比与促销（19至24秒）**
>
> 呈现方式：镜头切换至桌面，展示4本欣欣牌线圈笔记本整齐地摆放在一起。旁边放置大号字体的"9.9元"和"特价优惠"标签，强调产品的性价比和当前的促销优惠。
>
> **六、结尾（25至30秒）**
>
> 展示方式：镜头缓缓从欣欣牌线圈笔记本拉远，逐渐展现出一个宁静的学习环境。场景设定为明亮的房间，自然光从窗户洒入，桌面除了欣欣笔记本外，还摆放着两本书籍、一台简洁的台灯、一只钢笔、一杯热茶。背景音乐渐弱，营造出温馨舒适的氛围，同时强调产品适用于学习和工作的场景。

图 8-15　细化情景

点评： 提问者明确细化的各个方面，给文心一言以明确的指导。而文心一言的回答是针对每个段落的具体情境，进行有针对性的细化，为后续写作短视频脚本奠定了基础。

（三）提供示例并要求AIGC工具生成短视频脚本

短视频脚本常以表格形式呈现，该表格涉及多个项目，每个项目都有自己的填写方式，为了让AIGC工具快速理解，可以先提供一个短视频脚本示例让AIGC工具学习，然后要求AIGC工具以前面确定的内容框架和细化的情景为基础，生成最终的短视频脚本，如图8-16所示。

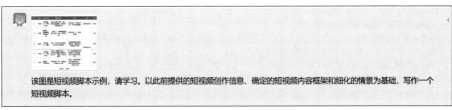

该图是短视频脚本示例，请学习。以此前提供的短视频创作信息、确定的短视频内容框架和细化的情景为基础，写作一个短视频脚本。

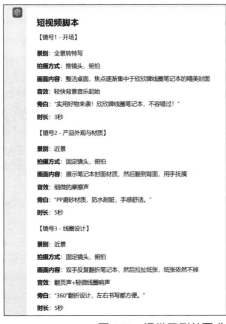

图 8-16　提供示例并要求 AIGC 工具生成短视频脚本

小提示　现在很多 AIGC 工具支持上传图片识别，因此文案写作者可以将表格类信息截图后上传，让 AIGC 工具识别并理解。

点评： AIGC工具生成的脚本结构清晰完整、逻辑连贯，涵盖商品介绍的各个方面，场景、镜头设计合理，可操作性强。

三、使用 AIGC 工具写作小红书文案

AIGC工具能根据小红书的平台特性和用户偏好，生成吸引用户的小红书文案。具体来说，使用AIGC工具写作小红书文案的步骤如下。

（一）定义标准

在各类新媒体文案中，小红书文案有特殊之处，因此AIGC工具对其的理解可能不深入或者存在偏差，此时可以先提供一个优秀小红书文案的具体定义或标准让AIGC工具学习，如图8-17所示。AIGC工具学习后，可以写出更符合期望的文案。

微课视频

定义标准

> 小红书热门笔记通常具有以下特征。
> (1)内容通俗易懂。热门笔记通常采用通俗易懂的语言，避免使用过于专业或难懂的术语，这样能更好地吸引广大用户，不管他们是否有相关领域的专业知识。
> (2)真实经验分享。用户在小红书上分享的热门笔记往往基于他们自己的真实经验，这些经验可能是购买某种产品、尝试某种护肤方法、旅行体验等。这种真实性能增加用户的信任感。
> (3)实用性强。热门笔记通常会提供一些实用的建议、技巧、教程等，能让用户从中获得有益的信息。无论是化妆技巧、购物推荐、健康养生还是旅行攻略，这些实用的内容对用户来说都具有吸引力。
> (4)添加表情符号和话题标签。添加表情符号可以使得内容更加生动有趣。话题标签也能够使笔记更容易被其他用户发现，从而提高笔记的曝光度。
> (5)美观的排版。热门笔记通常采用美观的排版，使用合适的字体、颜色和格式，使得内容更具可读性。
> 请记住这些特征，为后续写作小红书文案奠定基础。

图 8-17　定义标准

（二）要求AIGC工具提供选题

小红书文案的内容涉及面很广，提问者可以先要求AIGC工具围绕一个主题提供一些备选选题，供自己选择，如图8-18所示。

微课视频

要求 AIGC
工具提供选题

> 现在你要写作一篇小红书文案，以推广龟背竹，目标人群是绿植爱好者。先构思5个合适的选题（概述主题即可，不需要具体内容），选题要有实用性。

> **小红书龟背竹推广文案选题构思**
>
> 1. 🌿 **龟背竹的养护秘籍** 📖
>   - **概述**：介绍龟背竹的生长习性和日常养护方法，包括光照、水分、土壤和肥料的需求，帮助绿植爱好者轻松养好龟背竹。
>
> 2. 🖼 **龟背竹的家居搭配灵感** 🏠
>   - **概述**：分享龟背竹在家居环境中的摆放建议，如客厅、书房、阳台等，搭配不同的家居风格，打造独特的绿色生活空间。
>
> 3. 🔑 **龟背竹常见问题解答** 🔍
>   - **概述**：针对龟背竹养护过程中可能出现的问题，如黄叶、生长缓慢等，提供实用的解决方法和建议。
>
> 4. 📷 **龟背竹的美照分享** 🖌
>   - **概述**：展示龟背竹不同生长阶段和状态下的美丽照片，激发绿植爱好者的购买欲望，同时分享拍摄技巧。
>
> 5. 🌱 **龟背竹的成长日记** 📔
>   - **概述**：记录一株龟背竹从幼苗到成熟的全过程，分享每个阶段的养护心得和成长变化，让绿植爱好者感受到植物成长的乐趣。

图 8-18　要求 AIGC 工具提供选题

点评： 提问者不仅指明了选题的大范围，还要求选题实用。本案例中，AIGC工具提供的5个选题的实用性非常强，都是目标用户——绿植爱好者关心的内容。

（三）提供范例并要求AIGC工具模仿

微课视频

提供范例并要求
AIGC工具模仿

小红书文案风格比较生活化、日常化，AIGC工具有可能无法准确把握，因此可以提供一篇文案示例，要求AIGC工具参考并模仿其风格进行写作，如图8-19所示。

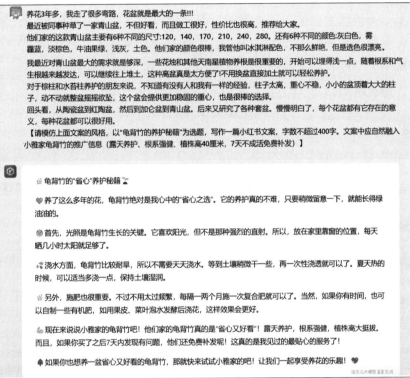

图 8-19 提供范例并要求 AIGC 工具模仿

点评： 提问者提供了一篇生活化、语言轻松朴实的小红书文案作为示例，而AIGC工具抓住示例生活化、个人化分享的核心特征，紧密贴合提问者设定的情境和要求，将实用的养护知识与商品推广结合，既提供了有价值的内容，又完成了宣传任务。

🖐 **素养提升**

2023年7月10日，国家互联网信息办公室等部门公布《生成式人工智能服务管理暂行办法》。其规定，提供和使用生成式人工智能服务，应当遵守法律、行政法规，尊重社会公德和伦理道德。文案写作者在使用AIGC工具写作时，需要注意相关法律、道德问题，让AIGC写作发挥积极正面的作用。

▌项目实训

实训一 使用 AIGC 工具为厨房湿巾提炼卖点并写作商品详情页文案

【实训背景】

微课视频

使用 AIGC 工具
为厨房湿巾提炼
卖点并写作商品
详情页文案

日用品品牌"洁美生活"新推出一款厨房湿巾，其采用加厚加大无纺布，不掉毛、不掉屑、不易烂、不漏油，具有强效去污能力，同时温和不伤手（含有椰子精华、弱酸性PH值），特别适合厨房清洁，目标用户是注重厨房卫生、经常做家务的人，原价14.9元一包、活动价9.9元一包。该品牌计划利用AIGC工具为其写作商品详情页文案。

【实训要求】

（1）使用AIGC工具提炼厨房湿巾的独特卖点。

（2）根据卖点写作商品详情页文案（仅限文字内容），以提升用户购买意愿。

【实训步骤】

（1）提炼卖点。向AIGC工具提供厨房湿巾的具体信息，并说明提炼卖点的要求，即强调高效去污、不伤手、耐用，同时提出卖点的叙述形式，即结合厨房清洁的具体场景（如油烟机、灶台清洁）进行叙述，如图8-20所示。

"洁美生活"品牌新推出一款厨房湿巾，其采用加厚加大无纺布，不掉毛、不掉屑，不易烂，不漏油，具有强效去污能力，同时温和不伤手（含有椰子精华、弱酸性PH值），特别适合厨房清洁，目标人群是注重厨房卫生、经常做家务的人，原价14.9元一包，活动价9.9元一包。请为该厨房湿巾提炼卖点，要求突出厨房湿巾高效去污、不伤手、耐用的特征，并结合厨房清洁的具体场景进行叙述，如油烟机、灶台清洁。

卖点一：高效去污	• 温和不刺激，长时间清洁也能呵护双手。
• 加厚无纺布，一擦即净，轻松应对厨房油污。	**卖点三：坚韧耐用**
卖点二：护手配方	• 不掉毛、不漏油，品质保障，持久耐用。

图 8-20 提炼卖点

（2）商品详情页文案写作规划。由于AIGC工具具有上下文理解能力，因此可以直接要求AIGC工具为品牌规划商品详情页文案写作方向。AIGC工具可以规划商品详情页文案的大体框架、每个板块的内容，以及语言风格，并提供整体布局建议，如图8-21所示。

（3）写作商品详情页文案。要求AIGC工具根据该规划写作商品详情页文案的文字内容，并提出对商品详情页文案写作的要求，包括语言精练，多用短句、动词，描绘场景，避免使用抽象形容词等，如图8-22所示。

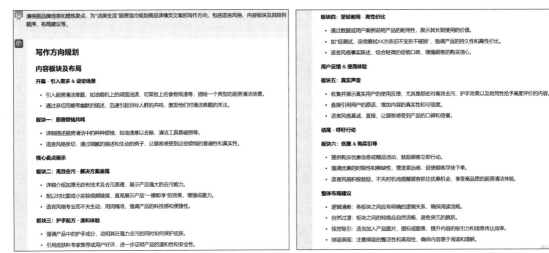

图 8-21　商品详情页文案写作规划

根据以上规划写作商品详情页文案的文字内容，注意应做到：语言精练，多用短句、动词，描绘场景，避免使用抽象形容词等。

板块一： 炒菜后的油腻、切菜留下的碎屑…别烦恼，洁美生活厨房湿巾来帮忙！ 板块二： 【强力去污，一擦见效】高效去污技术，前后差别，一眼可见，轻松去除各种污渍。 板块三： 【温和配方，保护双手】添加椰子精华，弱酸性PH值，经常使用也不怕手干。 板块四： 【结实耐擦，更耐用】不易破，不易散，一张可用多次，长期使用超划算。	板块五： 【真实体验，好评连连】 张阿姨："自从用了洁美湿巾，厨房打扫快多了，省时省力。" 小李："没想到这湿巾不伤手，用完手还是润润的。" 板块六： 【活动价优惠】：现在下单，立省5元，9.9元包邮到家。

图 8-22　写作商品详情页文案

实训二　使用 AIGC 工具为日用品品牌写作直播话术和短视频脚本

【实训背景】

为进一步提升品牌形象和商品知名度，"洁美生活"品牌计划开展直播营销和短视频营销。为保证直播和短视频的营销效果，该品牌决定提前准备好富有吸引力的直播话术和创意短视频脚本，同时借助AIGC工具完成这项工作。

微课视频

使用 AIGC 工具
为日用品品牌
写作直播话术和
短视频脚本

其中，直播时间为2024年8月5日20点至22点，主题为家居清洁用品专场，主推商品为厨房湿巾，主播小娜（家务达人、性格直爽有亲和力），直播目的是促进商品销售，增强用户互动与忠诚度。短视频的拍摄目的是宣传厨房湿巾。

【实训要求】

（1）根据"洁美生活"品牌定位和厨房湿巾的商品特点，使用AIGC工具生成直播话术，直播话术包含开场话术、商品介绍话术（针对厨房湿巾）、互动话术、促单话术、下播话术。

（2）利用AIGC工具创作一个时长在30秒以内的短视频脚本，旨在快速展示厨房湿巾的使用效果和优势。

【实训步骤】

1. 写作直播话术

先提出要求，要求AIGC工具写作话术，然后对话术进行优化，使其符合使用需要。

（1）要求AIGC工具写作话术。向AIGC工具提供直播背景信息，同时说明针对不同类型的直播话术的写作要求，如图8-23所示。

日用品品牌"洁美生活"打算开展直播营销，直播时间为2024年8月5日20点至22点，主题为家居清洁用品专场，主推产品为厨房湿巾，主播小娜（家务达人、性格直爽有亲和力），直播目的是促进商品销售，增强用户互动与忠诚度。请根据"洁美生活"品牌和直播信息，生成一套直播话术。话术需包含：开场话术，快速吸引用户并介绍本次直播亮点；商品介绍话术，生动展示厨房湿巾的高效去污、温和不伤手、耐用特性，并融入实际使用场景；互动话术，通过问答、抽奖等，增加用户参与感和直播互动性；促单话术，通过提供优惠、赠品等手段激发购买欲；下播话术，总结直播，感谢用户，强化品牌记忆点。

【开场话术】

嘿，晚上好各位，欢迎光临"洁美生活"直播间，我是你们的好帮手小娜！今晚8点，咱们相聚在这里，就为了一个共同的目标——让家里变得更清爽舒适！没错，这就是我们的家居清洁用品特惠夜，准备好跟着我一起把家务活儿变得轻松又愉快了吗？我这儿有个小秘密，一会儿就告诉你，保证让你家务烦恼一扫而空。快来锁定直播，精彩马上开始！

【商品介绍话术】

说起来，咱们的厨房湿巾，那可是家务活里的得力助手。想象一下，做完饭后油腻腻的厨房，用普通抹布抹上洗洁精，得废好大劲，一边擦一边洗抹布，特麻烦。而用我们的这款洁美生活的厨房湿巾就省事儿多了，它是加厚加大的， 轻轻一抹，油渍立马跑光光。而且里面含有天然椰子精华，弱酸性配方，温和得不得了，就算天天洗碗，手也不会干涩。来，我现场示范一下，就拿这块湿巾对付那个顽固的灶台油垢，看，是不是立马就干净了，看我使劲扯，也扯不坏，对不对？

【互动话术】

好，互动环节来啦！大家来聊聊，自己平时都是怎么处理厨房油污的呢！在评论区留言给我，待会我们会随机抽奖，送出厨房湿巾两包！

【促单话术】

说到这儿，大家是不是已经想试试这款厨房湿巾了？那可得抓紧了，现在下单，原价14.9元的厨房湿巾，直播专享只要9.9元！更棒的是，前100名下单的伙伴，我们加送一盒肥皂！优惠不等人，过了今天就没有这个福利了！

【下播话术】

哎呀，时间飞快，又到了说再见的时候。真心感谢大家今晚的陪伴，咱们在"洁美生活"直播间一起探索了这么多清洁小妙招。别忘了，让家更整洁，也是给自己的一份小确幸。没下单的小伙伴，优惠不等人哦！最后，再次感谢你们的支持，咱们下次直播见。晚安啦，记得，洁美生活一直伴你左右！

图 8-23　写作直播话术

（2）优化直播话术。审查AIGC工具写作的直播话术，发现商品介绍话术不够生动，对于使用湿巾前、后状态的描绘不多，无法突出湿巾的效果，因此要求AIGC工具优化相应的商品介绍话术，如图8-24所示。

> 【商品介绍话术】还可以强化一下使用前后对比，用生动的、场景化的语言描绘有油垢的灶台是怎样的，以及使用湿巾后的效果。

> 说实在的，咱们家的厨房湿巾真的是做家务时的好帮手。大家应该都有这样的经验吧，做完饭后，厨房里一片狼藉，各种汤汤水水撒出来，油溅得到处都是，让人倒吸一口冷气，打扫起来真麻烦。用普通的抹布擦吧，得倒点洗洁精，擦几下就得洗抹布，真是费时费力。而用我们这款厨房湿巾，就省事多了。它的尺寸大，厚度够，油渍一抹就没了，不需要反复用力。里头还有天然的椰子成分，酸碱度适中，特别温和，天天用也不怕手变干、变糙。
>
> 这样吧，我直接给你展示一下，就用这片湿巾处理灶台上那块老油渍，你瞧好了，轻轻松松一擦，这个台面就变干净了，亮亮堂堂的，像新的一样，比起之前，是不是清爽多了，看着就舒服。而且这湿巾结实得很，我用力拉扯都不破。这湿巾就是这么实用，让厨房清洁变得简单多了。

图 8-24　优化直播话术

2. 写作短视频脚本

先要求AIGC工具生成短视频的内容框架，然后根据需要细化情景，生成最终的短视频脚本。

（1）生成短视频内容框架。要求AIGC工具基于品牌信息、商品信息和短视频拍摄目的，构思短视频内容框架，并提出要求：节奏紧凑，快速吸引用户兴趣，展示清洁前后对比效果；通过视觉效果传达、强调商品特点；明确行动号召，结尾附带优惠信息，促进转化，如图8-25所示。

> 基于品牌/商品信息和短视频拍摄目的（宣传厨房湿巾），构思短视频内容框架，要求节奏紧凑，快速吸引用户兴趣，展示清洁前后对比效果；通过视觉效果传达、强调产品特点；明确行动号召，结尾附带优惠信息，促进转化。

> 一、开场（0至5秒）
> 镜头快速捕捉厨房忙碌一天后的杂乱状，灶台上的油渍、散落菜叶、未洗的碗盘。
>
> 二、使用展示（6至12秒）
> 分别使用湿巾擦拭灶台、油烟机、碗盘，并测试湿巾的韧性，证明其不易破。
>
> 三、结尾（13至16秒）
> 场景：厨房恢复整洁，几包厨房湿巾置于灶台上。
> 旁白：洁美生活厨房湿巾，一抹即净，美好生活。活动价9.9元一包，赶紧下单吧。

由文心大模型3.5生成

图 8-25　生成短视频内容框架

（2）细化情景。要求AIGC工具根据该内容框架，细化其中的"二、使用展示"，包括展示的方式以及对展示效果的呈现，如图8-26所示。

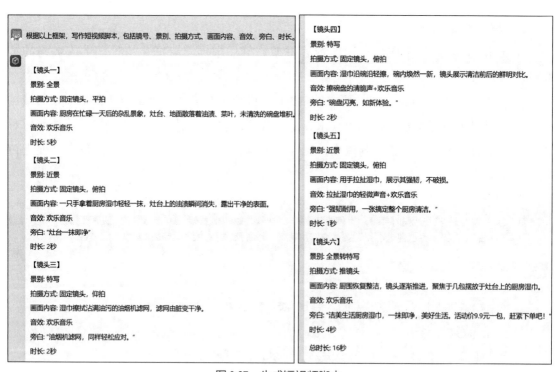

图 8-26　细化情景

（3）生成短视频脚本。要求AIGC工具以前面所确定的内容框架和细化的情景为基础，生成最终的短视频脚本，如图8-27所示。

图 8-27　生成短视频脚本

（4）优化短视频脚本。审查AIGC工具生成的短视频脚本，发现其大体内容较为符合，但部分镜头的旁白缺少吸引力，需要进一步进行优化，因此向AIGC工具提出优化意见，AIGC工具做出回复，如图8-28所示。

其他内容尚可，但镜头二、三、四、五、六的旁白缺少吸引力，应进行优化，使用更加生动的语言、第一人称进行叙述，拉进与观看视频用户的距离。

镜头二

旁白："炒完菜的灶台总是油腻腻的，用我刚买的厨房湿巾一擦，油渍跑光光。"

镜头三

旁白："油烟机滤网像个不听话的孩子，总爱收集油污，用它，轻松搞定。"

镜头四

旁白："还怕洗碗麻烦呢？洗碗前用它先把碗盘里的油擦掉，这样就好洗了。"

镜头五

旁白："好东西就得耐用，你看我扯都扯不烂，所以啊不用频繁换，一张湿巾就能搞定整个厨房清洁。"

镜头六

旁白："这么好的东西当然要跟大家分享咯，这是洁美生活牌的厨房湿巾，现在搞活动，只要9.9元一包，特别划算，赶紧入手！"

由文心大模型 **3.5** 生成

图 8-28　优化短视频脚本

课后习题

1. 使用文心一言等对话式AIGC工具写作一篇小红书文案，植入菜谱App的广告（拥有上万道菜谱以及美食交流社区），具体要求如下。

（1）要求文心一言针对软文提供10个备选选题。

（2）从备选选题中选择一个，要求文心一言生成文案大纲。同时，优化、细化大纲。

（3）要求AIGC工具根据大纲生成文案，逐步优化直至满意。

2. "未来智慧家"是一家专注于智能家居解决方案的科技公司，致力于将尖端科技融入日常生活，创造便捷、安全、高效的智慧生活体验。品牌面向追求高科技生活品质、注重生活效率的中青年家庭，通过智能安防、智能家电等系列商品，让家变得更智能、更贴心。

该品牌由一群工程师创立，他们不满足于传统家居的局限性，立志打造智能化的未来生活方式；商品从智能门锁开始，逐步扩展至全屋智能系统。在用户反馈中，一个家庭因"未来智慧家"系统在紧急情况下自动报警并及时处理，保护了家人安全的故事特别突出。

（1）使用AIGC工具为"未来智慧家"设计一条能够彰显品牌科技感、前瞻性的品牌标语。

（2）利用AIGC工具创作一个关于"未来智慧家"品牌起源、成长历程，以及如何改变用户生活的故事，深化品牌印象。

3．"未来智慧家"品牌计划推出"智控生活"系列智能扫地机器人。为提高新商品的认知度，公司决定发布一条30秒的宣传短视频和开展一场为期两小时的直播销售活动，由科技博主"科技宅Tom"主持，直播时间为2024年8月10日晚上7点。

（1）使用AIGC工具为"智控生活"智能扫地机器人的宣传短视频写作脚本。

（2）使用AIGC工具为直播活动设计直播话术，包括开场话术、商品介绍话术、互动话术、促单话术与下播话术。